O sentido dos sonhos na Psicoterapia em Viktor Frankl

Izar Aparecida de Moraes Xausa

O sentido dos sonhos na Psicoterapia em Viktor Frankl

Artesã

O sentido dos sonhos na Psicoterapia em Viktor Frankl
1ª edição - 3ª reimpressão 2023

Copyright © 2020 Artesã Editora
É proibida a reprodução total ou parcial desta publicação, para qualquer finalidade, sem autorização por escrito dos editores.
Todos os direitos desta edição são reservados à Artesã Editora.

Diretor
Alcebino Santana

Coordenação editorial
Michelle Guimarães El Aouar

Capa
Karol Oliveira

Diagramação
Carlos Alexandre Miranda

Dados Internacionais de Catalogação na Publicação (CIP)

Xausa, Izar Aparecida de Moraes - O sentido dos sonhos na psicoterapia em Viktor Frankl / Izar Aparecida de Moraes Xausa. - Belo Horizonte : Editora Artesã, 2019.

1ª reimpressão da 1ª edição de 2003
ISBN 978-85-7074-002-1

1. Frankl, Viktor E., 1905-1997 2. Logoterapia 3. Psicoterapia
4. Sonho - Interpretação
I. Título

03-2933   CDD 154.634

Índices para catálogo sistemático:
1. Sonhos: Análise logoterapêutica: Psicologia

As opiniões expressas neste livro, bem como seu conteúdo, são de responsabilidade de seus autores, não necessariamente correspondendo ao ponto de vista da editora.

IMPRESSO NO BRASIL
Printed in Brazil

📞 (31) 2511-2040   💬 (31) 99403-2227
🌐 www.artesaeditora.com.br
📍 Av. Rio Pomba 455, Carlos Prates- Cep: 30720-290 | Belo Horizonte - MG
📷 📘 / artesaeditora

Este livro é um resumo da tese *A Análise Logoterapêutica dos Sonhos – um caminho direto para o inconsciente espiritual*, apresentada pela autora no Concurso para obtenção do grau de Livre-docente e Doutora na Universidade Gama Filho-RJ – 1993.

Sobre a tese, disse o Dr. Frankl:

"Apresento minha admiração por este seu trabalho. Sinceramente, espero que lhe dê fama internacional e, em particular, alta reputação científica nos círculos acadêmicos.
(Frankl, em carta a Izar Xausa – 1993)"

Esta foto relembra o momento em que Izar Xausa abraça o Dr. Viktor Frankl pelos seus 90 anos, num encontro pessoal em sua residência. Izar foi a representante oficial da América Latina nas festividades promovidas pela Universidade de Viena e o governo da Áustria nesse evento (1995).

Ao **Dr. VIKTOR FRANKL**,
a minha gratidão pelo que recebi da vida e da obra,
em lições de conhecimento, amor,
sofrimento e esperança. *(In memoriam)*

*Agradeço aos meus pacientes,
em especial a **Fabiano**,
cujo encontro existencial foi selado por este trabalho.*

À minha filha, de olhos pretos e indagadores,
Maria Magdalena, com quem eu conheci toda a dimensão do
"Homo patiens", amando na dor e sobrevivendo na esperança.

Ao meu marido e pai dos meus filhos, **Leônidas**, com quem eu
realizei toda a dimensão do "Homo amans", na dor e na alegria
de uma vida em comunhão. *(In memoriam)*

Quero expressar meus agradecimentos à Professora Mercedes Marchant Wolff na revisão dos originais, mas, especialmente pelo apoio, incentivo e amizade.

Sumário

Apresentação 15
Prefácio 17
Introdução 23

Parte I
1 – Compreensão e análise dos sonhos
29

1.1 – Linguagem significativa dos sonhos 31

1.2 – Análise dos sonhos: o enfoque pessoal-existencial e o tecnicismo codificado ... 36

1.3 – Para além do inconsciente impulsivo 48

1.4 – Análise logoterapêutica dos sonhos como recurso na psicoterapia 53

2 – Sonhos que expressam vários conteúdos inconscientes 63

2.1 – Introdução ao estudo de um símbolo com significados diferentes – Símbolo da Cobra 65

2.2 – Introdução teórica e fundamentação da relação terapeuta-paciente em Logoterapia 74

2.3 – Introdução e fundamentação das situações-limite em Logoterapia: o sofrimento, a culpa e a morte 84

2.4 – Culpa e resgate em Logoterapia 86

2.5 – MORTE – ACEITAÇÃO DA SEPARAÇÃO PELA MORTE 94

3 – SONHOS QUE EXPRESSAM O NOODINAMISMO CONSCIENTE-INCONSCIENTE 101

3.1 – FUNDAMENTAÇÃO DA CONSCIÊNCIA EM LOGOTERAPIA: "O ÓRGÃO DO SENTIDO" E A "VOZ INTERIOR" 103

3.2 – A VOZ DA CONSCIÊNCIA 107

4 – FUNDAMENTAÇÃO SOBRE O INCONSCIENTE ESPIRITUAL 125

4.1 – RELIGIOSIDADE 127

4.2 – O SÍMBOLO DA IGREJA 136

1.3 – A IMAGEM DO SAGRADO 148

5 – O SENTIDO ÚLTIMO DA EXISTÊNCIA 159

5.1 – FUNDAMENTAÇÃO E SONHOS 161

PARTE II

1 – CASO FABIANO: ANÁLISE DOS SONHOS NUMA PSICOTERAPIA
171

1.1 – ENCONTRO EXISTENCIAL DA TERAPEUTA COM FABIANO 175

1.2 – FASES MARCANTES DO TRATAMENTO DE FABIANO 176

2 – FUNDAMENTAÇÃO TEÓRICA 179

2.1 – O HOMEM E A SEXUALIDADE 181

2.2 – RESUMO DE SONHOS SOBRE SEXUALIDADE 188

SUMÁRIO   13

2.3 – SENTIMENTO DE CASTRAÇÃO 188

2.4 – RESUMO DE UM SONHO SOBRE PARADOXO E
CONFLITO EXISTENCIAL DO PACIENTE PORTADOR DO
VÍRUS DA AIDS 191

3 – O ARTISTA E A REALIZAÇÃO DA CRIATIVIDADE COMO
EXPRESSÃO DO INCONSCIENTE ESPIRITUAL 193

3.1 – FABIANO – PSICOTERAPIA E ARTE: SONHOS ... 202

4 – A RELIGIOSIDADE NOS SONHOS DE FABIANO 211

4.1 – O SENTIDO DA VIDA E DA MORTE 220

PARTE III

5 – REFLEXÕES QUE ORIENTAM, NO PRESENTE TRABALHO, A ANÁLISE DOS SONHOS EM LOGOTERAPIA
223

5.1 – A REDENÇÃO PELA ESPERANÇA 235

BIBLIOGRAFIA 239

APRESENTAÇÃO

O livro O SENTIDO DOS SONHOS NA PSICOTERAPIA EM VIKTOR FRANKL, de Izar Aparecida de Moraes Xausa, é um livro excelente, o melhor que já se escreveu em Logoterapia clínica na América Latina. E digo clínica porque o livro de Pareja Herrera também é excelente, mas não é tão útil para os psicólogos que buscam assuntos de prática terapêutica.

Ao lado da rica casuística que apresenta de forma amena, apresenta uma perfeita fundamentação teórica dos sonhos relacionados com a vida e os conflitos dos pacientes. Além disso, aprofunda temas vinculados ao inconsciente espiritual, tais como a criatividade, a religiosidade, etc.

Na primeira parte demonstra uma grande erudição sobre o tema dos sonhos, citando entre outros Jung, grande estudioso do assunto. Concordo com a autora que na prática diária não podemos guiar-nos só por interpretações rígidas dos símbolos sejam de Jung, Freud ou qualquer outro autor. Isto fica muito claro com o sonho da cobra e dos demais que apresenta nas diversas partes.

O extraordinário material proporcionado pelo "caso Fabiano" dá oportunidade para aprofundar temas como a sexualidade, a criatividade, a religiosidade, etc. As conclusões são muito claras e concretas.

O difícil tema da religiosidade é apresentado cientificamente e delimitando bem os campos. Pareceu-me muito interessante a abordagem do lugar do sagrado na terapia e as citações de Hernández com referência ao sagrado.

Através de minha prática profissional constato a importância de uma de suas conclusões: "As forças de resistência do espírito poderão ser captadas e mobilizadas também através do uso das análises dos sonhos..."

Os fundamentos filosóficos de seu trabalho são essenciais para o tema, deixando a prioridade ao aspecto clínico que é pouco desenvolvido na Logoterapia mundial.

Creio que o livro deve ser publicado não só em português o mais breve possível e também em espanhol.

Renovo minhas felicitações pela qualidade do livro!

Omar Lazarte[1]

---

1. *Psiquiatra argentino, com renome internacional. Ex-professor titular de Psicologia Médica da Faculdade de Ciências Médicas de Mendoza. Fundador da Sociedade Mendocina de Logoterapia. Presidente Honorário da Sociedade Argentina de Logoterapia. Sócio de Honra da Sociedade Latino-Americana de Logoterapia (SOLAL). Autor de inúmeros trabalhos científicos. Co-autor do livro* Sempre podes eleger, *traduzido para o português.*

Prefácio

Este é o primeiro trabalho teórico de fôlego de Izar Xausa que se apresenta sobre sonhos à luz da Logoterapia, também ligado à atividade clínica, baseado na vivência do sonhador-paciente. O assunto, até o momento, tem sido abordado eventualmente, dentro de textos logoterápicos e de análise existencial mais abrangente e não de modo específico.

A própria autora da tese, que se revela uma pesquisadora ingente – veja-se a vasta bibliografia – confessa a dificuldade na busca de fontes. É de se imaginar o grande esforço para encontrar e utilizar o material teórico para fundamentar seu trabalho como discípula fiel de Frankl e mestra na prática logoterapêutica. Também é de se louvar a escolha do método – o "diálogo socrático", adotando a "maiêutica" – arte das parteiras – como disse o filósofo: "interrogo os outros, mas não respondo nunca por mim".

Foi assim que o trabalho se fez, e longo, não-diretivo, com o maior respeito à elaboração dos pacientes. Os casos, bem-documentados e pesquisados a partir de anotações ao longo de dez anos de atendimento clínico, demonstram o cuidado e a seriedade científica, metodológica e profissional da autora.

Num estilo claro, conciso e profundo, numa linguagem fácil, direta e didática, vai expondo seu projeto, seus conhecimentos de Psicologia, de Logoterapia e, sobretudo, do ser humano. Deixa transparecer sua experiência clínica, fundamentada em estudos acurados e em sólida formação universitária, exercida no magistério e como conferencista consagrada. Além disso, é criativa e hábil administradora de seus compromissos. Pioneira da Logoterapia no Brasil, é fundadora do Centro Viktor Frankl de Logoterapia de Porto Alegre, das Sociedades Latino-Americana (SOLAL) e Brasileira (SOBRAL) de Logoterapia; organizadora de vários cursos e congressos na área da Psicologia, especificamente da Logoterapia, além de exercer o magistério superior na Pontifícia Universidade Católica do Rio Grande do Sul.

Até aqui a autora já publicou também A PSICOLOGIA DO SENTIDO DA VIDA, primeira publicação de Logoterapia no Brasil (Vozes, 1986).

Os postulados teóricos de sua obra fundamentam-se em Viktor Frankl, sobretudo. Este, criador da Logoterapia, enfatiza a antropologia tridimensional – "soma, psique e pneuma" – corpo, psiquismo e espírito (noos) – e visualiza a pessoa integrada e integralmente, chegando à compreensão do inconsciente espiritual, sem negar, mas ampliando, o inconsciente instintivo freudiano.

Foi escolhida a "via régia", segundo Freud, – o sonho – para atingir esse inconsciente, e, num processo de autocompreensão libertadora, procurar levar a pessoa à cura.

Como adverte a própria autora, para delimitar a explanação e o tema mais claramente, não foram abordados os pontos de vista fisiológico e neurológico dos sonhos, resumindo-se o estudo à área do psicológico, tendo como enfoque principal a análise dos conteúdos oníricos. Propositadamente foram negligenciadas as nosografias psiquiátricas, "para que os pacientes não fossem rotulados, em detrimento da pessoa humana real com a qual se tratava". O carinho e a atenção dada ao caso Fabiano – uma verdadeira monografia sobre o assunto – é tratado e exposto cientificamente por Izar.

Os objetivos foram atingidos pelos resultados terapêuticos favoráveis a que chegaram os pacientes, constatados pelas conclusões.

Finalizando, o trabalho de Izar não é uma obra apenas de titulação, mas de consagração, pois pode considerar-se não um trabalho exaustivo, mas pioneiro, estimulador para novas pesquisas na temática: um verdadeiro manual de exposição, um roteiro para logoterapeutas e estudiosos da psicologia dos sonhos.

Ao encerrar, fica registrado meu agradecimento por esta oportunidade de manifestar minha louvação também à personalidade da autora.

Halley Alves Bessa[2]

---

2. *Halley A. Bessa, falecido em 1995, foi psicólogo e psiquiatra; Livre-Docente, fundador e professor da Universidade de Minas Gerais; Presidente do Conselho Federal de Psicologia; co-fundador da Sociedade Latina-Americana de Logoterapia; Presidente Honorário da Sociedade Brasileira de Logoterapia; professor visitante do Centro Viktor Frankl de Logoterapia do Rio Grande do Sul e da Pontifícia Universidade Católica do Rio Grande do Sul.*
O prefácio publicado após o falecimento do Dr. Halley Alves Bessa é uma homenagem ao eminente profissional que lutou pela grandeza da Psicologia no Brasil.

"Um sonho não interpretado é como uma carta não aberta."
(Talmude)

"O sonho é a via régia para o inconsciente."
(Freud)

"Existe um caminho em que o inconsciente, e também o inconsciente espiritual, como que se abre à nossa investigação: trata-se dos sonhos."
(Frankl)

Introdução

Como psicoterapeuta, a pessoa do *Homo patiens* sempre esteve diante de mim, com seus questionamentos, inquietações, perplexidades, problemas, sofrimentos, decepções e esperanças, levando-me a sentir o desafio de compreender e compartilhar de uma existência que se encontra comigo e me solicita ajuda. Além de suas palavras, seus gestos, sua face diante de mim, percebo a necessidade de penetrar, mais e mais, no mundo de suas possibilidades infinitas.

A linguagem dos sonhos sempre me fascinou. Compreendi então que, através dela, poderíamos juntos – paciente e terapeuta – desvelar o mundo de riquezas interiores, descobrir as vozes que falam nas profundezas do inconsciente, entender as mensagens que têm a me comunicar. Estes sentimentos e intuições me levaram a começar meu trabalho com o sonho.

Seguindo uma trajetória de formação científica, na busca de algo que falasse mais plenamente do *Homo humanus*, encontrei a Logoterapia e seu autor Dr. Viktor E. Frankl. Segura de minha posição científica, afastada de um psicologismo cientificista, de um dogmatismo teórico e de um tecnicismo desumano, ancorei na visão antropológica que a Logoterapia oferece do homem em sua unidade tridimensional: corpo-psiquismo-espírito (noos). Em conseqüência, pude conciliar e integrar meus conhecimentos filosóficos, minha postura ética, minha formação científica, minha vivência criativa com uma doutrina psicológica abarcadora do homem – como ser existencial – que transcende os determinismos bio-psíquico-sociais, por intermédio do espírito (noos). Desta forma, a Logoterapia revelou-se não só como uma psicologia que investiga as profundezas do homem, mas também como a *psicologia das alturas*.

Foi no mais profundo e no mais alto do ser humano que andei procurando entender e desvelar seu modo possível de existir. Como penetrar nestas profundezas? Como chegar às suas alturas? Quais os caminhos que levam até lá? Que acontece, afinal, nas paragens do inconsciente? Através do que chegaremos a esse desvelamento? Certamente, havia uma entrada para este mundo desconhecido: o sonho. Optei pela *via régia* do sonho para melhor conhecer o inconsciente, o que me possibilitou chegar ao espírito. Procurei encontrar o inconsciente espiritual não visto como um porão de quinquilharias e resquícios da memória humana, mas como um tesouro escondido de que cada pessoa é possuidora.

Durante 10 anos trabalhei continuamente, analisando os sonhos, com todos os meus pacientes, sem deixar qualquer um de lado. Minha pesquisa, de início, tinha apenas, como objetivo principal, o melhor conhecimento da pessoa humana em cada paciente, em benefício dela mesma. A análise de seus sonhos era sempre integrada à sua psicoterapia, servindo de esclarecimento e meio eficaz para sua autocompreensão, de seu modo de existir no mundo, de seu problema e de seu sentido, possibilidades e ideais.

Muita vivência não expressa, muito sofrimento escondido, muito desejo oculto, muito ideal frustrado, muita esperança de realização inconfessada apareceram nos sonhos, como numa pintura, por meio de formas simbólicas ou como num teatro vivencial interno, por intermédio de cenas expressivas. Tais descobertas beneficiaram meus pacientes que, pelos sonhos, como numa janela aberta, puderam ver outros horizontes; beneficiaram também a terapeuta que se deparava com uma riqueza interior, talvez maior do que aquela que se manifestava no cotidiano das sessões terapêuticas, possibilitando não só um melhor conhecimento da pessoa do paciente, mas também seu próprio crescimento pessoal e profissional. Isto se pode caracterizar como uma aventura a dois, no entrelaçamento das relações *eu-tu* – paciente e terapeuta. Tal benefício não foi vinculado apenas a esta relação terapêutica que, por si só, já se justificaria. À medida que caminhava rumo aos recônditos do inconsciente, fui, literalmente, descobrindo dentro da pessoa humana o que Dr. Frankl afirma serem os postulados da Logoterapia. Ao lado de um desejo perverso, encontrava-se uma expressão de autenticidade e, numa paisagem de sombras e luzes, aflorava não só o inconsciente impulsivo, mas também o espiritual. Neste mundo fantástico dos sonhos, encontrei os valores, as manifestações afetivas e as potencialidades criativas e místicas, a voz interior da consciência e a sabedoria do inconsciente. Porém isto acontecia não mais pela linguagem dos sonhos de uma mesma pessoa, mas, sim, por meio dos sonhos de cada pessoa com quem me aventurava a analisá-los.

Num momento posterior, fiz o estudo e a classificação dos sonhos, devidamente selecionados, com sua respectiva análise. Levando em consideração a amplitude da pesquisa, pude afirmar que é um trabalho pioneiro no campo da Logoterapia, o que ficou constatado por levantamento bibliográfico. Indagado sobre a oportunidade de realizá-lo, Dr. Frankl pronunciou-se favorável, incentivando-me. Após a leitura do texto, fez a seguinte apreciação: "Com este trabalho criativo, a senhora passou a fazer parte da comunidade internacional de Logoterapia". Tenho a convicção de que representa contribuição significativa que, embora sem pretender esgotar material tão amplo e de tão grande interesse, pode abrir caminhos para outros estudos e pesquisas. Isto posto, se mérito contém, é o de, pela primeira vez, de forma sistemática, apresentar a contribuição decisiva de Frankl e da Logoterapia na abertura de meus horizontes psicoterapêuticos em tema de interpretação analítico-existencial de sonhos.

Embora Dr. Frankl, desde os primórdios de seu trabalho, tenha escrito sobre os sonhos, poucos dos seus seguidores escreveram sobre o assunto, se bem que tenham feito uso desta técnica.

A Psicologia do Sentido da Vida, criada por Frankl, representa uma grande evolução da ciência psicológica. Entre suas colaborações originais encontra-se a ampliação do conceito do inconsciente, avançando para a existência do inconsciente espiritual. Esta doutrina preconiza o reconhecimento da humanidade e dignidade da pessoa, tanto na ciência psicológica como na prática terapêutica e que reconhece sua liberdade e responsabilidade. Esta postura se reflete em todo o procedimento terapêutico e, em conseqüência, reflete-se, também, sobre a análise dos sonhos.

O material da pesquisa compreende relatos de sonhos, sua análise, as reflexões dos pacientes sobre a temática respectiva e as intervenções da terapeuta. A apresentação de cópia deste material teve o conhecimento e a permissão dos pacientes. São pessoas reais, todas com pseudônimos, para resguardo do sigilo profissional. Pertencem elas a uma faixa etária que vai dos 17 aos 67 anos de idade, são de ambos os sexos, classe média, com nível cultural variado e com problemática psicológica diversificada. (A tese incluía 40 sonhos; no livro foi reduzido o número.)

Uma apresentação e dados sobre o paciente, com algumas características psicológicas de personalidade, para melhor compreensão do caso, precedem o relato da análise dos sonhos. Esta apresentação teve como objetivo relacionar o sonho com a problemática e a realidade existencial do paciente. Propositadamente, foram deixadas de lado categorias clínicas diagnósticas, para que os pacientes não fossem rotulados em detrimento da pessoa humana real com a qual tratei.

Os sonhos foram acompanhados de análise feita pelo próprio paciente. Incluídos também foram os comentários feitos espontaneamente por eles, com as associações livremente estabelecidas, seguidas por avaliação do sonho situado dentro dos objetivos da terapia. Os exemplos selecionados foram resumidos no livro.

Busquei a literalidade dos relatos dos sonhos e sua transparência em minha análise, registrando-os, tanto quanto possível, integralmente. Como se pode deduzir dos exemplos apresentados, as associações, as interpretações, a busca do significado e as mensagens encontradas nos sonhos foram feitas pelos próprios pacientes. Procurei usar, na análise dos sonhos, o diálogo socrático a fim de que o paciente descobrisse, por si, o conteúdo, a mensagem e o valor do sonho. Como Frankl recomenda, usei também associações livres dos pacientes, sem símbolos rígidos ou preestabelecidos, com o objetivo de deixar emergir o ser e a intimidade de cada pessoa, para desvelar-se a si mesma, sem barreiras ou preocupações.

Introdução

Importa destacar que a temática trazida nos sonhos, na análise e nos comentários dos pacientes surgiu espontaneamente, "sem que quisesse adequá-la aos postulados da Logoterapia".

A fundamentação da Logoterapia foi relacionada à visão teórica da temática do sonho em questão. De um lado, procurei fundamentar minha postura terapêutica; de outro, sendo a Logoterapia ainda pouco conhecida no Brasil, entendi necessário estabelecer uma fundamentação teórica para mostrar que os sonhos não constituíram peças isoladas do tratamento e que a temática não aparecia distante da vida real dos pacientes, nem afastada das descobertas da Logoterapia, enquanto teoria que se propõe a reumanizar a psicoterapia.

Apresento sonhos isolados; todos os autores são unânimes em considerar extremamente valiosos os sonhos de um mesmo paciente. O caso Fabiano, por exemplo, foi assim incluído por julgar absolutamente necessário, tendo sido escolhidos os mais significativos da seqüência.

Pela seqüência de sonhos, não toda apresentada aqui, tornou-se possível verificar as principais preocupações do paciente, as origens de sua problemática e as áreas psicológicas e noológicas por ela afetadas, bem como seus psicodinamismos e noodinamismos; a ocorrência de uma verdadeira desrepressão dentro dos limites da vida humana e não apenas como catarse; o reconhecimento das manifestações tanto do inconsciente impulsivo como do espiritual; o desvelamento de valores e a descoberta das manifestações da consciência ética do paciente, em conseqüência de sua mudança de atitudes; o surgimento espontâneo das potencialidaes artísticas e a relação dos sonhos com suas obras de arte; a desrepressão da relação transcendente com Deus, ou seja, da religiosidade; os questionamentos sobre a vida e a morte frente à transitoriedade da existência rumo ao Sentido Último.

Fabiano, depois de ter desreprimido sua criatividade e se tornado artista, depois de ter desreprimido sua religiosidade e ter encontrado Deus, descobriu-se portador do vírus da AIDS, passando a sentir, mais de perto, a dialética da vida e da morte. Foram verificados efeitos positivos do tratamento logoterápico com melhora considerável no quadro psicossomático do paciente, após intensificação do tratamento nessa nova fase de sua vida.

Meu paciente, apesar da certeza de sua finitude, ganhará, por suas atitudes, a imortalidade de seu próprio trabalho como artista, pintando não só quadros expressivos, mas também tendo como tema de sua pintura a construção de sua própria vida, cujo relato em sonhos apresento aqui. Seu caso, a que denomino de caso Fabiano, é, certamente, a contribuição que posso oferecer mais densa de humanidade, em que o caso é uma pessoa presente.

Sinto que minha pesquisa e meu estudo me enriqueceram não só como terapeuta, mas como pessoa que vive com os demais nesta terra dos homens. Tenho a certeza de que, ao buscar entender o *Homo humanus*, encontrei toda a densidade deste humanismo na pessoa do *Homo patiens* diante de mim. Também me encontrei com o *eu* e *tu*, numa relação afetiva, e vislumbramos o encontro *eu-tu* dos pacientes que descobriram o Deus oculto, no recôndito de seu inconsciente espiritual. Senti, então, como é amplo este recôndito e como são infinitas as possibilidades dos abismos de si, em que a ciência e a arte, a poesia e a mística sussurram aos nossos ouvidos, histórias, quando estamos dormindo e sonhamos.

Parte I

1– Compreensão e análise dos sonhos

1.1 – LINGUAGEM SIGNIFICATIVA DOS SONHOS

Os homens comunicam-se pela linguagem, tendo várias formas de comunicação.

A linguagem articulada é um sistema estruturado de sinais arbitrários para expressar o sentimento, o pensamento e a vontade. A linguagem é muito mais que comunicação ou vínculo de união; é uma abertura e revelação do mundo e uma forma diferenciada de presença. Na situação psicoterapêutica, a linguagem leva o homem a apresentar-se a si mesmo de uma maneira essencial e, da mesma forma, experiencia um viver de si mesmo de um modo novo ou mais profundo.

"Na psicoterapia se põe de manifesto que a linguagem é mediadora de presença." (Buytendijk *apud* Bräuting, 1964: 113)

Nestas formas de comunicação, encontra-se a linguagem simbólica. As antigas criações simbólicas da humanidade deram forma aos mitos. Os sonhos são, como os mitos, expressões da linguagem simbólica dos homens. Fromm denomina-os de "a fantástica linguagem esquecida". O sonho, portanto, é um falar dormindo, no qual se manifesta a esfera da profundidade pessoal.

Com efeito, comenta Fromm,

"em nossos sonhos somos os criadores de um mundo em que o tempo e o espaço, que restringem todas as atividades de nosso corpo, não possuem poder algum. Contudo, a despeito de todas essas características estranhas, nossos sonhos são reais enquanto os sonhamos – tão reais quanto qualquer experiência das que temos quando despertamos. No sonho não existe 'como se'. O sonho é uma experiência presente, tão real, de fato, que dá lugar à pergunta: O que é a realidade?" (Fromm, 1983: 14)

Hernández comenta, com base na afirmação magistral de Freud, que o sonho pertence à pessoa, que desta maneira estabeleceu-se uma continuidade biográfica entre a pessoa que sonha e a que está em vigília; e que, em conseqüência disso, a pessoa pode aprofundar-se no sonho a partir do que tenha vivido. E assim se expressa o psiquiatra argentino:

"O sonho deixa de ser uma imposição estranha, ou um recanto sem importância. O sonho é parte da existência."
(Hernández, 1986 b: 79)

Embora o sonho esteja ligado às funções elementares e corporais do dormir, ele se constitui também numa imagem da biografia íntima do sonhador e não raro mais completa do que a tem quando desperto. Entretanto, o sonho não é somente simples manifestação de funções vitais e o sujeito que sonha não é exclusivamente movido por forças naturais.

"No sonho se reflete muito amiúde a transformação do homem, e isto é testemunho de que o sonho é, em último termo, uma íntima compenetração de aconteceres naturais e histórico-biográficos." (Bräutigan, 1964: 115)

Entretanto, lembra Fromm que, quando se dorme, desperta-se para outra forma de existência, isto é, sonha-se, inventam-se histórias que nunca aconteceram e que muitas vezes não tiveram precedentes na realidade. Comenta ele que a maioria dos sonhos tem uma característica em comum: eles não seguem as leis da lógica que governam o pensamento, quando se está acordado.

Medard Boss, baseado na fenomenologia que introduz o significado de *ser-no-mundo* (Heidegger), aprofunda-se na problemática dos sonhos. Para este analista existencial, tanto no estado de vigília como no estado de sonhar, o existir humano (Dasein)[3], há possibilidade de compreender e entender a totalidade dos significados de tudo que se encontra no mundo.

---

3. *Dasein = existência, ser-aí, ser específico da existência humana, ser-no-mundo.*

"Sonhar e estar acordado são diferentes maneiras de existir de um mesmo ser humano e têm de fato várias características em comum como a afinação (disposição) básica, desdobramento de possibilidades ou poder-ser, liberdade de optar e assumir responsabilidades, entre outras." (Cytrynowicz, 1979:13)

Na vida cotidiana reflete-se sobre o que se quer dizer, escolhe-se a melhor maneira de realizá-lo e fazem-se nossos comentários com coerência lógica. Mas, como observa Jung, os sonhos têm uma textura diferente. Como não fazem sentido em termos de nossa experiência diurna normal, há, em geral, uma tendência para ignorá-los e uma dificuldade em compreendê-los. Mas, diz o grande analista suíço que os sonhos têm, nesta textura diferente, imagens que parecem contraditórias e ridículas. Então perde-se a noção de tempo, e as coisas mais banais se podem revestir de um aspecto fascinante ou aterrador. Poderá parecer estranho que o inconsciente disponha o seu material de modo tão diverso dos esquemas aparentemente disciplinados do consciente que expressam os pensamentos, quando se está acordado.

Jung levanta a hipótese de que as idéias das quais a pessoa se ocupa na sua vida diurna são só aparentemente disciplinadas e não são tão precisas como se quer crer. (Jung, 1964:39)

Fromm assim se expressa a respeito:

"Às vezes somos o mocinho, outras o bandido; às vezes vemos as mais belas cenas e sentimo-nos felizes, mas amiúde ficamos extremamente atemorizados. Qualquer que seja o papel que desempenhamos no sonho, nós somos o autor, o sonho é nosso, nós inventamos o enredo." (Fromm, 1983: 14)

Foi Freud quem deu o primeiro grande passo para a interpretação científica dos sonhos, afirmando que eles *têm, realmente, um sentido*, procurando utilizá-los na terapia.

E é tentando entender este sentido expresso, simbolicamente, que se usa a interpretação dos sonhos na prática da psicoterapia com objetivo de oportunizar ao paciente um melhor conhecimento, para encontrar uma coerência no dinamismo consciente-inconsciente de si mesmo.

Coube a Freud, mais do que a qualquer outro cientista da psicologia, atribuir importância ao sentido do sonho e tentar interpretar o simbolismo onírico. Ele vê várias funções no sonho, tais como: a preservação do sono, a realização alucinatória de desejos irracionais, a função de desreprimir os desejos infantis ou adultos, também reprimidos pela educação e pelos preconceitos sociais, etc. Assim Freud supõe que a principal função da linguagem onírica é um processo de disfarce e distorção dos desejos irracionais. Daí constituir a função principal do símbolo – a de disfarçar e deturpar tais desejos. Nesta linha afirma Fromm:

"A linguagem simbólica é concebida como um 'código secreto' e a interpretação dos sonhos como a arte de decifrá-los." (Fromm, 1983: 58)

Ao referir-se ao significado dos sonhos na vida psíquica, Freud defendeu a teoria de que eles representavam a realização dos desejos reprimidos. E, neste sentido, a meta da interpretação psicanalítica deveria ser o desmascaramento daqueles desejos. Mais tarde, em virtudes das contradições de alguns aportes teóricos com fatos clínicos, Freud reformulou a teoria para explicar o sentido geral de um sonho, propondo um enunciado, ainda considerado ambíguo por alguns autores, segundo o qual o sonho é uma tentativa de realização dos desejos.

A abordagem junguiana dos sonhos enfatiza o seu aspecto simbólico. Na situação terapêutica, o sonho não deve ser interpretado de modo redutivo, mas compreendido por meio da relação terapêutica. Naturalmente, o terapeuta sabe que o sonho pertence ao sonhador e, ao ir esclarecendo as imagens do sonho pelo conhecimento e compreensão da realidade daquele que sonha, faz deste parte do processo simbólico dentro do contexto. Visto que a análise junguiana concentra-se no processo da individuação, a busca de significado é de grande importância nos sonhos.

Já Boss, analista existencial, em seu livro *Na Noite Passada Eu Sonhei* (1979), apresenta sua forma de ver o assunto sob a abordagem analítico-existencial:

"Livres de acréscimos supérfluos e enganosos das modernas teorias psicologísticas do sonho, estaremos prontos a começar o treinamento para uma visão não distorcida do ser-no-mundo dos seres humanos que sonham. Uma abordagem tão simples e, com freqüência, criticada como banal, demonstra claramente que esta crítica recai sobre os próprios críticos, pessoas que se tornaram cegas à riqueza do significado existente em cada fenômeno que encontramos, sejam acordados ou sonhando. É, precisamente, um apego ao banal que restringe a sua visão de modo a enxergar apenas a pobreza nas coisas." (Boss, 1979: 43)

A teoria dos sonhos de Boss, segundo ele próprio, deve ser chamada de abordagem fenomenológica dos sonhos, como oposta às atitudes causais e deterministas, uma vez que se pretende atingir os fenômenos reais do sonhar.

Frankl, no capítulo "A Interpretação Analítico-Existencial dos Sonhos", do livro *A Presença Ignorada de Deus* (1992), reconhece como válida a técnica de associação livre de Freud na interpretação dos sonhos. Acrescenta porém, avançando além de Freud, que seu método procura trazer à consciência e à responsabilidade, não apenas a instintividade inconsciente, mas também a espiritualidade inconsciente. Recomenda que se deve esperar dos sonhos as produções autênticas do inconsciente que sejam constituídas, não apenas de elementos do consciente instintivo, mas também daqueles do inconsciente espiritual. E adverte:

"Se, porém, para compreendermos os sonhos nos utilizarmos do mesmo método com que Freud investigou apenas o inconsciente instintivo, nós, que queremos alcançar por este caminho outro objetivo, a descoberta do inconsciente espiritual, podemos dizer com respeito à psicanálise: caminhamos juntos, mas marcamos os passos em separado." (Frankl, 1992: 32)

1.2 – ANÁLISE DOS SONHOS: O ENFOQUE PESSOAL-EXISTENCIAL E O TECNICISMO CODIFICADO

A palavra sonho corresponde ao grego "onar", que significa algo visto dormindo.

A compreensão dos sonhos tem sido, de há muito, um desafio para os homens e sua interpretação objeto de atenção desde a remota antigüidade, tanto nos ramos da civilização oriental como ocidental, despertando enorme fascínio ao longo da história.

Entender a linguagem dos sonhos, mais do que uma ciência, é uma arte que requer intuição, conhecimento, técnica, etc.

Freud foi certamente o grande pioneiro no esforço científico de entender o sentido dos sonhos. Embora este trabalho não se proponha a rever teorias psicológicas nem suas formas diversas de interpretação de sonhos, se procurará fazer rápidas referências sobre os grandes marcos na análise dos sonhos que antecederam sua análise logoterapêutica, dando especialmente ênfase prática, com objetivos didáticos.

Freud, ao iniciar sua obra *La Interpretatión de los Sueños* (1973), diz que se propõe demonstrar que os sonhos são suscetíveis de interpretação e que interpretar um sonho significa indicar um sentido. Cria um método de interpretação dos sonhos sobre o qual comenta:

"Segundo o método de interpretação onírica aqui indicado, concluímos que o sonho tem realmente sentido e não é, de modo algum, como pretendem alguns investigadores, a expressão de uma atividade cerebral fragmentária. Uma vez levada a cabo a interpretação completa de um sonho, este se nos revela como uma realização de desejos." (Freud, 1973: 421)

No presente capítulo serão apresentados sonhos, acompanhados de suas interpretações. O objetivo é mostrar que, quanto mais a análise do sonho repousar sobre conceitos das teorias psicológicas que os embasam, tanto mais poderão se afastar da realidade do paciente. Também uma mesma teoria poderá gerar interpretações diferentes, variando de acordo com as interpretações individuais dos analistas.

Para exemplificar, tome-se um sonho de Freud, analisado por ele mesmo e criticado severamente por Fromm; um sonho de Jung apresentado por ele a Freud e as dificuldades ocorridas durante esta apresentação e, por fim, um sonho transcrito por Boss que foi apresentado a psicanalistas diversos que levantaram, dentro da própria psicanálise, interpretações diferentes.

Freud apresenta um exemplo de sonho seu que chamou de *sonho da monografia botânica*. (Freud, 1973: 450-54) O conteúdo onírico do sonho versa sobre uma monografia escrita sobre certa planta. Ele relata que vê no sonho o livro diante de si e volta a uma página aberta que contém uma lâmina colorida. Cada exemplar ostenta, à maneira de um herbário, uma espécie dissecada de planta. Freud refere que esta flor, um cíclame, da qual tratava a monografia, estava fotografada numa página de um livro que ele vira na vitrine de uma livraria por onde passou na manhã do dia do sonho. O cíclame era a favorita de sua esposa: e censurava-se por, só raramente, lembrar-se de lhe levar flores. O tema trazer flores lembra-lhe de uma paciente sua que sua mulher encontrara dias antes e que, no tratamento, revelara chorar amargamente quando seu marido esquecera de lhe levar flores no seu aniversário. Recorda também que, em uma ocasião, escrevera uma monografia sobre plantas – um estudo sobre coca e sua capacidade anestésica que chamou a atenção do Dr. Koller. Com relação a este tema lembra que, na manhã do dia seguinte do sonho, seu pensamento foi tomado de uma fantasia diurna. Pensou que, em caso de sofrer de glaucoma, poderia vir a se operar. Sente aí como é embaraçoso um médico solicitar para si mesmo o auxílio profissional de um colega. Depois lembra-se que, por detrás de sua produção imaginária, havia a recordação de um sucesso seu. Pouco tempo depois do descobrimento do Dr. Koller, seu pai padeceu de glaucoma e foi operado pelo Dr. Königstein, médico oculista e amigo. Dr. Koller encarregara-se da anestesia e, após a operação, comentara que ali estavam reunidas as três pessoas que haviam introduzido o referido alcalóide como anestésico. Logo após, lembra a última vez que recordara a história da cocaína, e por isso foi cumprimentado. Deu-se conta também de que indo à casa de Königstein, para tratar dessa questão, encontrara no portão o professor Gätner (jardineiro) e sua jovem esposa com aspecto cheio de vida. O professor era um dos autores do trabalho a que ele se referira. Durante a conversa com o amigo foi citado o nome da Sr.ª L. (a paciente desencantada por não ganhar flores do marido no dia do aniversário).

Freud ao tentar a interpretação lê outras variáveis do conteúdo onírico de seu sonho, menciona que a monografia vista no sonho continha um espécime dissecado da planta, como se fosse um *herbário*. A idéia de herbário lembrou-lhe dos tempos escolares. O diretor da escola onde estudara deu como tarefa aos alunos das classes superiores revisar e limpar o herbário da casa, no qual haviam encontrado algumas larvas. Porém, desconfiado da capacidade do aluno, deu a Freud poucos exemplares de plantas. Também recordou que fora reprovado em prova de conhecimentos teóricos por não reconhecer uma planta da mesma família daquela considerada a flor preferida, que sua mulher trazia carinhosamente do mercado.

Já a *lâmina em cores* lembra-lhe que, como estudante de medicina, tinha interesse não apenas por monografias, mas também por lâminas coloridas. Logo que começou a publicar seus trabalhos necessitou ilustrá-los com lâminas e o fez imperfeitamente, sendo ridicularizado por um colega. Recorda também um fato de sua infância em que seu pai entregara um livro de lâminas coloridas que foi destruído por ele e suas irmãs, arrancando, sucessivamente, as páginas.

Por fim, conclui Freud que todos os caminhos mentais iniciados, ou seja, os que se referiam às afirmações da mulher e aqueles sobre ele próprio (a cocaína), as dificuldades de assistência médica entre colegas, a predileção por estudos monográficos e o descuido de determinadas disciplinas, como a Botânica, tudo isto é continuado na sua interpretação, até desembocar no diálogo com o oculista. Diz que seu sonho apresenta o caráter de uma justificação, de uma defesa de seu direito.

Ainda sobre sua própria interpretação, afirma Freud:

"No exemplo presente posso prescindir de expor em detalhes a interpretação, pois o propósito que me guiou ao comunicar este sonho foi tão só o de investigar um caso prático de relação do conteúdo onírico com o sucesso estimulador do dia do sonho." (Freud, 1973: 453)

Assim, Freud sustenta que a única forma correta é julgar o sonho pelo conteúdo latente que a análise revelou e que representa, indubitavelmente, um novo patamar científico na compreensão dos sonhos. Estabelece com isto uma relação entre os fatos que impressionam durante o dia, as idéias de sonho e os materiais de vigília que propiciam o trabalho de sonhar.

As conclusões extraídas por Freud de seu próprio sonho poderão parecer razoáveis. Fromm, entretanto, também analista, em seu livro *A Linguagem Esquecida* (1983), critica severamente o mestre da psicanálise e chega a uma interpretação bem diferente de Freud.

Lembra que o símbolo central do sonho é a flor seca. Aí encontra a contradição. A flor que representa vida e beleza, estando seca, perdeu em qualidade e só pode ser objeto de estudo científico. As associações de Freud chamam a atenção para essa contradição. Diz Fromm que Freud destaca que o cíclame, a flor preferida de sua mulher, estava na foto da monografia da vitrine. De um lado, censura-se por só lembrar de levar flores para sua mulher, e isto, na opinião de Fromm, traz à baila seu sentimento de insucesso naquele setor da vida que é simbolizado por amor e ternura. Todas as outras associações estariam voltadas na direção de sua ambição. Por sua vez, a monografia lembra-lhe que não lhe deram o devido crédito sobre seu trabalho e também que o diretor da escola não lhe demonstrava confiança para ajudar no trabalho do herbário, assim como as gravuras coloridas lembram-lhe do ridículo de ter se saído mal na escola.

Para Fromm, o sonho, ao revés, exprime um conflito de Freud expresso vivamente por seu conteúdo, mas do qual ele não parece tomar conhecimento quando acordado. Sobre a posição de Freud, comenta Fromm:

"Com efeito, o sonho exprime uma profunda contradição da personalidade total de Freud, de sua obra e de sua vida. O principal assunto de seu interesse e de seus estudos são amor e sexo. No entanto ele é um puritano: se há algo digno de nota nele é uma versão vitoriana contra o sexo e o prazer, combinada com uma tolerância pesarosa pela fraqueza do homem a esse respeito. Ele secou a flor, fez do sexo e do amor objeto de inspeção e especulação ao invés de deixá-los viver. O sonho manifesta o grande paradoxo de Freud: ele não é de forma alguma, conforme tem sido muitas vezes considerado, o representante do ambiente frívolo e imoral de Viena; antes, pelo contrário, é um puritano capaz de escrever com tanta liberdade acerca do sexo e do amor porque os coloca em um herbário. A interpretação dada por ele mesmo tende a ocultar exatamente este conflito ao ler erradamente o sentido do sonho." (Fromm, 1983: 73-74)

Fromm estende estas críticas também à interpretação de Freud feita aos mitos e contos de fadas.

Jung recomenda ao analista ficar atento para captar da forma mais exata possível a mensagem de um sonho, isto é, a contribuição feita pelo inconsciente ao consciente.

Este ex-discípulo de Freud, quando ainda trabalhava com o mestre relata um sonho seu apresentado àquele. No livro *O Homem e seus Símbolos* (1964), Jung menciona que sonhou que estava em sua própria casa, numa sala muito confortável, mobiliada no estilo do século XVIII, no primeiro andar. Desceu para o andar térreo e chegou a um cômodo escuro decorado no estilo do século XVI. Sua surpresa e curiosidade aumentaram e desejou conhecer toda a casa. Desceu então ao porão onde encontrou uma porta que levava a uma grande sala abobadada, com paredes muito antigas e chão coberto com lajes de pedra. Ao examinar as paredes verificou que elas eram de origem romana. Num canto, viu uma laje com uma argola de ferro. Então ele puxou a argola e encontrou outro lance de degraus estreitos que conduziam a uma gruta, uma espécie de sepultura pré-histórica onde se encontravam duas caveiras, alguns ossos e cacos de cerâmica. Neste momento acordou. (Jung, 1964: 56-60)

Comentando o sonho, Jung diz que ele é o resumo de sua própria vida e refere-se mais especificamente ao desenvolvimento de sua mente. Lembra que cresceu numa casa que tinha duzentos anos e a mobília possuía peças de trezentos anos. Quanto à sua formação, recorda que estudou a filosofia de Kant e de Schopenhauer e que, naquela época, as teorias de Darwin constituíam um grande acontecimento científico. Em período anterior, era orientado por seus pais que mantinham conceitos medievais a respeito do mundo, da vida e de religião. Jung relata que sofre uma mudança ao defrontar-se com as religiões orientais e a filosofia grega. As concepções de mundo que antes conhecia se haviam tornado obsoletas, nelas perdera a fé e seus interesses culturais também haviam evoluído. Manifestava também interesse por anatomia comparada e o estudo de fósseis. Estas foram as reais associações que Jung teve com o sonho. Mas não ousou transmiti-las a Freud. Este havia concluído em outro momento que Jung alimentava a impressão de lhe ter antecipado uma morte prematura, baseado no interesse que o discípulo manifestava por corpos mumificados, que juntos viram numa exposição. Receando perder a amizade do mestre e já sentindo que suas idéias se distanciavam, Jung confessa que mentiu a respeito de suas livres associações, embora considerasse moralmente incorreto. Queria evitar uma briga fatal com Freud com o qual Jung já tinha várias divergências. Ao confessar sua mentira Jung pede desculpas ao leitor e explica que usa este exemplo para mostrar os embaraços em que se pode envolver na análise real de um sonho, considerando as diferenças do analista e do analisado.

"Verifiquei logo que Freud procurava algum *desejo inconfessável* no seu sonho." (Jung, 1964: 57) Por isso, Jung sugeriu, especulativamente, que as caveiras poderiam referir-se a alguns membros de sua família cuja morte desejasse, por um motivo qualquer.

Jung chama a atenção para a intuição que teve a respeito de suas relações com Freud, a qual foi a compreensão que tivera do sentido de seu sonho:

"Era a **minha** própria pessoa, a **minha** vida e o **meu** mundo, **minha** realidade total contra a estrutura teórica erguida por outra mente desconhecida, por motivos e propósitos que lhe eram particulares. Não se tratava do sonho de Freud, mas do meu. E num lampejo compreendi o que meu sonho me queria dizer." (Jung, 1964: 57)

O próprio autor adianta que o fato de que este conflito ilustrou um ponto vital da análise dos sonhos, a qual não pode ser tratada como uma técnica mecânica, pois pode-se correr o risco de perder a personalidade psíquica da pessoa que sonha. Assim, também, não deverá ocorrer uma imposição do analista do sonho sobre o analisado. Preconiza a preservação da dignidade e da liberdade do paciente. E conclui:

"Nesta experiência com Freud foi-me revelada, pela primeira vez, a noção de que antes de construirmos teorias gerais a respeito do homem e da psique deveríamos aprender bastante mais sobre o ser humano com quem vamos lidar. Quanto mais nos afastarmos dele para nos aproximarmos de idéias abstratas sobre o "Homo sapiens", mais probabilidades temos de erro." (Jung, 1964: 58)

Algumas teorias sustentam as noções freudianas do sonho, outras estão de acordo com os conceitos e hipóteses junguianas. Existem ainda os analistas existenciais que também oferecem uma nova visão de homem-como-ser-no-mundo e dentro da realidade abarcam o sonhar.

Entre estes analistas destaca-se, especialmente, Medard Boss com suas pesquisas sobre sonhos e análise que considera dentro da metodologia fenomenológica. Boss chama a atenção para o comportamento irracional de alguns terapeutas que, apegados à teoria, se tornaram cegos para o alicerce da experiência sobre o qual os seres humanos se encontram, até mesmo nos sonhos. Sustenta que muitos evitam os dados que poderiam permitir questionar a teoria, na medida em que muitos conceitos desempenham um papel que obstrui a visão e a genuína análise do sonhar. Boss questiona a teoria de Freud e em conseqüência sua interpretação associa-se a outros críticos, afirmando:

> "Eu também indicava aspectos nos quais os pilares da teoria freudiana dos sonhos não se mantêm de pé diante de uma **crítica científica**, isto é, empiricamente rígida. Eu sustentava que no fenômeno observável do sonhar não existe a mais leve evidência factual da existência da 'elaboração do sonho' postulado por Freud, nem de quaisquer desejos infantis instintivos supostamente produzindo sonhos a partir de um inconsciente individual. Até mesmo a noção central do 'simbolismo do sonho' cai por terra no instante em que suposições não demonstráveis não são mais confundidas com fatos empíricos." (Boss, 1979: 24)

O analista existencial relaciona vários autores que pelas pesquisas procuraram avaliar as análises de sonhos feitas com base nas interpretações psicanalíticas. Entre eles destaca os psicanalistas M.D. Zane e M.H. Eckhardt, no capítulo final do livro *Dream Dynamics*, escrito por Massernan, no qual relatam os resultados de um simpósio sobre sonhos organizado por um período de cinco anos, realizado pelos membros da Academia Americana de Psicanálise. Nesta pesquisa foi apresentado um mesmo sonho para vários psicanalistas. Estes, ao invés de manterem uma unidade na análise dos sonhos, assumiram abordagens muito diversas com uma extraordinária dificuldade de se comunicarem mutuamente.

Boss cita a experiência de Zane que apresenta a transcrição de uma fita gravada com um diálogo terapeuta-paciente, efetuado em 1967. A gravação usada por Zane e transcrita por Boss confirma-nos as diferentes interpretações de sonhos e o risco de tentar compreender um sonho, ajustando-o aos conceitos teóricos de quem o analisa. Considerando este material muito elucidativo, tomei a liberdade de também incluí-lo aqui. Em primeiro lugar transcrevo o diálogo entre paciente e terapeuta. Em seguida, seguem as interpretações dos psicanalistas participantes do seminário.

"*Paciente*: Alguns sábados atrás, eu resolvi entrar na barbearia e cortar o cabelo. O barbeiro falava, falava, falava, falava, falava, e eu detesto isso em barbeiros, desde então tenho tido sonhos. Já tive este sonho três vezes. Há uma grande marca aqui atrás, ela tem o tamanho de um prato de sopa e vai ficando cada vez maior. Mas que merda. De repente começo a me preocupar com algo que nunca me preocupou antes em toda minha vida.

Dr. Zane: Você pode repassar o sonho exatamente como o teve?

Paciente: Eu simplesmente estou vendo a minha própria cabeça por trás e ali há algo com cerca de 12 centímetros de diâmetro, e o local é calvo com exceção de uns poucos fios esparsos. Eu já vi isso (riso) na parte de trás de uma porção de rapazes.

Dr. Zane: Como se sentiu ao ver isso em sonho?

Paciente: Terrivelmente assustado. Eu acordei. Por pânico, quase teria me atirado pela janela, e me agarro ao meu lençol.

Seguem-se as interpretações dadas pelos analistas, todas baseadas na teoria freudiana:

1. *Dr.A*: Por que o Manny não buscou o assunto do barbeiro e da barbearia?

2. *Dr.B*: Eu creio que o incidente da barbearia está relacionado com algum incidente que ocorreu na infância em relação ao pai do paciente. E também em relação ao terapeuta.

3. *Dr.C*: Eu penso que a principal preocupação deste sujeito é repelir qualquer ataque que derrube a sua onipotência ou narcisismo.

4. *Dr.D*: Não seria uma boa idéia dedicar algum tempo a explorar a metáfora do sonho – a perda do cabelo?

5. *Dr.A*: Não creio que seja uma perda de cabelo. No sonho, o paciente descreve uma área calva com alguns fios esparsos. Agora, do sonho e do pouco que tivemos do relato e do resto, ele menciona a palavra "merda", e a palavra "atrás" se repete com a sua imagem de uma área calva com poucos cabelos. A minha associação com este "atrás" me deu como imagem do sonho: "Não consigo lidar com meus impulsos homossexuais".

6. *Dr.C*: Eu penso que o paciente estava dizendo: Não posso lidar com a minha falta de controle, a minha raiva; então terei de me submeter a uma posição homossexual feminina de modo a não precipitar uma luta que me destruirá.

7. *Dr.A*: Pode ser que alguém pudesse encarar a homossexualidade como algo apenas feminino. Mas, de outro lado, pode-se dizer que é o papel homossexual agressivo que está ameaçando eclodir no paciente.

8. *Dr.B*: Eu tomaria o aumento da calvície como um aumento da ansiedade e um aumento de raiva.

9. *Dr.A*: Poder-se-ia também dizer que o paciente está aumentado, tornando o problema maior. Ele o está escrevendo inicialmente com letras pequenas e depois com letras maiores.

10. *Dr.A*: Este tipo de fragmentação ou dissolução do *self* ou do ego, seja qual for o termo que queiram usar, que contribuiu para o pânico superoprimente. Então pode-se enxergá-lo como um pânico homossexual.

11. *Dr.C*: E é exatamente a área de dissolução que é tão pré-genital. É por isso que me oponho ao uso do termo homossexual como tal. É uma crise de identidade." (Zane *apud* Boss, 1979: 22-23)

Estas respostas tão díspares fizeram Zane concluir que estes psicanalistas deram respostas altamente individuais a um mesmo sonho, e que a persistência destas diferenças poderá significar algo fundamentalmente errado com a maneira deles trabalharem com os sonhos. E acrescenta ainda que embora a psicanálise pressuponha um conhecimento do comportamento humano, tais analistas ilustram exemplarmente como os seus praticantes não chegaram à unidade sobre o mesmo assunto e com grande dificuldade lograram compreender-se e comunicar-se entre si.

Embora os exemplos apresentados revelem as dificuldades e as disparidades nas análises dos sonhos, todos os que trabalham com esta técnica concordam que ela constitui recurso terapêutico fundamental. E cabe relembrar Freud quando, no início de seu trabalho, perguntava: "Por que os sonhos precisam de interpretação? Por que não expressam diretamente seu sentido?" E ele mesmo responde:

"À primeira vista, não temos a impressão de que o sonho apresente um desejo da pessoa que dorme. Só depois da análise é que nos convencemos dele." (Freud, 1973: 440)

Os autores de análises existenciais de sonho aceitam, em partes, esta premissa. Deixando de lado o postulado freudiano de que o sonho é a manifestação de desejos reprimidos, concordam que, após a análise dos sonhos, o terapeuta consegue perceber, com claridade, a validez deste recurso. E não só o terapeuta, mas o próprio paciente, ao descobrir o significado do sonho, não raro expressa sua admiração não por algo enigmático que decifra, mas, sim, pelo conteúdo existencial e pessoal que se desvela.

Volto, pois, ao postulado de que a pessoa humana está acima de toda e qualquer técnica terapêutica e a ela não podem ser impostos esquemas conceituais, técnicos e códigos preestabelecidos.

Assim, a análise existencial dos sonhos prioriza a *pessoa existente*. No caso da análise logoterapêutica, em especial, é a pessoa do sonhador que, orientado por um diálogo socrático, descobre o significado de seu sonho, abarcando o ser pessoal com suas dimensões e a realidade de sua existência.

Ao apresentar um trabalho sobre a análise logoterapêutica dos sonhos, está presente o pensamento de Spanoudius; referindo-se à análise existencial dos sonhos, diz que não se trata, portanto, de aprender novas técnicas de utilização dos sonhos nas sessões psicoterapêuticas, justapondo-se às já existentes num complexo mosaico. E que também não se trata de rejeitar os conhecimentos que precederam essas várias técnicas e as possibilitaram. Trata-se, sim, de superá-las por meio de uma maneira diferente que ultrapasse os limites do determinismo, da interpretação causalista e do subjetivismo de influência cartesiana. Para este autor, esta maneira de compreender os fenômenos que estão necessariamente distantes dos dogmas não por negação, mas por superação, solicita a todo momento uma aproximação vivencial desses mesmos fenômenos por caminhos próprios e pessoais.

"E é somente esse caminho pessoal que pode nos levar a uma compreensão adequada da possibilidade fundamental do Dasein de desvelar seu próprio ser." (Spanoudius, 1981: 15-16)

Frankl, ao afirmar a existência também de um inconsciente espiritual, diz que apesar das dificuldades de encontrar uma maneira de elucidação deste inconsciente espiritual, afirma não poder ser esquecido que:

"Existe um caminho em que o inconsciente espiritual como que se abre à nossa investigação: trata-se dos sonhos." (Frankl, 1992: 32)

1.3 – Para além do inconsciente impulsivo

Podemos ver, pois, que atrás de cada uma das interpretações dos sonhos há uma postura científica sobre a natureza do homem, em especial sobre a origem do dinamismo consciente-inconsciente.

Assim, Freud viu o homem como determinado por forças psíquicas irracionais, impulsivas. A visão do inconsciente freudiano é, unicamente, impulso. Já Jung, com uma visão mais ampla, viveu a espiritualidade, estudou também todo o tipo de símbolos incluindo a simbologia das religiões, tanto cristãs como orientais, surpreendendo, no inconsciente do homem, resquícios dos primórdios da humanidade tais como configurações míticas e outras manifestações espirituais. Em sua descrição do inconsciente, acrescentou as formulações do inconsciente coletivo e o arquétipo.

A visão psicanalítica analisa os fenômenos psíquicos e sua inter-relação com o corpo, porém nunca ultrapassa o âmbito psicológico. A análise existencial de Viktor E. Frankl, apoiada numa antropologia filosófica de Max Scheler e na ontologia de Hartmann, como base de sua doutrina psicológica apresenta o homem como uma unidade, não bidimensional – psique e corpo, mas como unidade tridimensional: corpo-psiquismo e espírito (noos)[4]. Daí se estabelecer, com o autor da Logoterapia, que os fenômenos mais altos que transcendem ao psicológico pertencem ao espírito. Logo, o homem não poderá ser reduzido às interpretações somáticas e psíquicas ou ainda psicossomáticas. Este é um erro do psicologismo combatido por vários autores, sobretudo os filósofos N. Hartmann e Max Scheler e Viktor E. Frankl. A Logoterapia reconhece, pois, a espiritualidade do homem e se refere a ela não com sentido unicamente religioso, mas de forma muito mais ampla. Inclui na vida espiritual vários fenômenos, como por exemplo afetos, amor, vontade de sentido, ideais, valores, fenômenos intelectivos, racionais e intuitivos, enfim, toda a gama da criatividade humana, incluindo os mitos,

---

4. Noos- *termo grego que significa mente, inteligência e espírito.*

conceitos religiosos, fé, manifestações místicas, etc. Tudo isto, para Frankl, não pode derivar do instinto, nem unicamente do psico-instintivo, mas pertence ao psicoespiritual. Há, portanto, duas origens para uma mesma realidade: a origem do psicoorgânico e do psicoespiritual. Como conseqüência, o inconsciente refere-se a toda esta amplíssima realidade.

O sonho tem uma origem psico-neuro-orgânica e uma origem psicoespiritual e a linguagem simbólica poderá ser também uma manifestação destas realidades.

Frankl, lembrando-se de sua experiência inestimável como prisioneiro nos campos de concentração nazista, para onde fora levado depois de ser psiquiatra de destaque e professor na Universidade de Viena, constata, de forma vivencial, várias afirmações que já vinha elaborando para a construção da Logoterapia, ou seja, a psicologia do sentido da vida. Estas constatações, segundo ele, são contraditórias às de seu ex-mestre, Sigmund Freud. Entre os prisioneiros observou que a subnutrição fez com que os instintos de alimentação tomassem conta do recluso, elevando para o primeiro plano de consciência este impulso. Enquanto que o instinto sexual, de modo geral, não se manifestou, não ocorrendo lá qualquer depravação sexual. Em seu livro *Em Busca do Sentido* (1991), que é a versão brasileira de *Um Psicólogo no Campo de Concentração*[5], registra com relação aos sonhos:

"E mesmo os sonhos dos prisioneiros quase nunca apresentam conteúdo sexual, ao passo que as 'tendências inibidas quanto ao objeto' em sentido psicanalítico, ou seja, toda a ânsia de amor do prisioneiro, bem como os outros sentimentos, de forma alguma deixaram de aparecer em sonhos."
(Frankl, 1991: 39)

Com base nesta postura e seus desdobramentos, a Logoterapia reconhece, além do inconsciente instintivo, um *inconsciente espiritual*, isto é, uma *espiritualidade inconsciente* que é irreflexa e que tem uma compreensão imediata de si mesma. Assim diz Frankl:

---
5. *Ein Psychologe erlebt das Konzentrationslager* (Alemanha, 1946).

"Há uma espiritualidade inconsciente, uma moralidade inconsciente e uma crença inconsciente. Esta crença inconsciente é, com freqüência, inconsciente ao meu juízo, no sentido de uma realidade reprimida." (Frankl, 1979b: 100) Em decorrência, também a moralidade e a espiritualidade poderão estar reprimidas. A análise existencial de Frankl insiste em contrapor à autonomia de toda existência espiritual aquele suposto automatismo do aparelho psíquico que a psicanálise admite.

No processo de análise existencial, além de se trazer à consciência uma impulsividade reprimida revelando fenômenos profundos e oriundos da impulsividade instintiva, também se poderá trazer à consciência fenômenos que se originaram na dimensão espiritual do homem, ou seja, no inconsciente espiritual. Mas, Frankl traz outra colaboração original. Para ele não só se deve trazer ao consciente o que estava no inconsciente, mas depois devolver este conteúdo ao inconsciente.

Como conclusão se afirma que, na análise existencial dos sonhos, proposta por Frankl, pode-se decifrar também a linguagem simbólica espiritual do homem e trabalhar com o dinamismo consciente-inconsciente de forma mais rica e ampla.

No livro *A Presença Ignorada de Deus* (1992), Frankl dedica um capítulo à Interpretação Analítico-Existencial dos Sonhos. Ele realça que os sonhos também constituem uma via de manifestações do inconsciente espiritual. Igualmente, usa o método de associações livres introduzido por Freud, enquanto recurso para alcançar a interpretação dos símbolos, mas busca descobrir o sentido profundo do sonho, a manifestação de todas as forças atuantes no psiquismo, impulsivas ou não, sob a luz globalizante do conceito tridimensional do homem, no qual se inclui o espírito. Vê ainda no sonho não só manifestações inconscientes, mas também expressões da voz da própria consciência porque afirma que a consciência, em sua origem, é inconsciente e ambos radicam no espírito. (Frankl, 1979b: 44)

Frankl faz a interpretação analítico-existencial dos sonhos usando o método de associações livres, como se viu, tal qual Freud o introduziu, mas com o objetivo de trazer à esfera da consciência, como já foi dito, não só a impulsividade inconsciente, mas também a espiritualidade inconsciente. Daí, recomenda ele ao analista uma imparcialidade incondicional para que, usando do método fenomenológico na investigação inconsciente dos símbolos oníricos, não os interprete aleatoriamente ou segundo interpretações forçadas, preestabelecidas ou codificadas, procurando, no sentido que o símbolo tem para aquela pessoa, descobrindo-o pelo uso do diálogo socrático usado na análise do sonho.

Assim como em Jung, considera, também, como objeto rico para compreensão do paciente e de sua vida toda a seqüência de sonhos que se repete, os símbolos que retornam e os temas, cuja continuidade o inconsciente mantém. Frankl diz que é preciso realizar-se uma verdadeira obstetrícia, para trazer à luz seu significado. Esta obstetrícia espiritual também poderá caracterizar-se como uma obstetrícia artística, quando há uma liberação da criatividade, ou uma obstetrícia religiosa, quando surge, espontaneamente, a simbologia religiosa, uma vez que estes são aspectos do inconsciente espiritual.

No caso da pintora, comentado em três livros, Frankl explica:

"Em meu livro *Psicoterapia e Existencialismo* descrevi extensivamente o caso de uma pintora que me procurou porque tinha dificuldade em trabalhar como artista. Sem que fosse minha intenção, sem que eu mesmo tivesse consciência do que ocorria, após diversas semanas, ela se tornou capaz não só de trabalhar, mas também de fazer suas preces e de empenhar-se em meditação religiosa." (Frankl in Needelmann,1982: 149)

Joseph Fabry, logoterapeuta norte-americano, comenta que muitos sonhos dos pacientes de Frankl referem-se à busca de sentido por meio de canais religiosos e refere que Frankl, avaliando tais sonhos, percebe, impressionado, a extasiante experiência de felicidade que ocorre nos pacientes a partir destas descobertas registradas na vida consciente, como fruto da análise logoterapêutica dos sonhos. Donde ele conclui que é impossível insistir que, atrás de tal experiência, haja outro significado tal como o sexual.

Fabry tem coletado amostras de seus próprios sonhos e de seus pacientes e afirma:

> "Descobri que os sonhos são um tópico valioso com um diálogo socrático, explorando metas selecionadas inconscientemente, valores reprimidos e sentidos ignorados. Os sonhos também apresentam soluções para conflitos e trazem conforto no sofrimento." (Fabry, 1989: 71-72)

Sobre a análise dos sonhos em seu livro *Psicoterapia – uma Casuística Médica* (1976), Frankl afirmava que sem querer superestimar a análise dos sonhos no seu significado para a psicoterapia, podemos dizer que ela tem seu lugar em qualquer tratamento psicoterápico, especialmente para servir como teste de evolução de uma terapia. Mas adverte Frankl:

> "Defendemos antes o ponto de vista de que os sonhos podem revelar a nós a sabedoria inconsciente, tanto no sentido da espiritualidade inconsciente, como no da instintividade. E sob esta espiritualidade não entendemos apenas as funções intelectuais, já que sob este aspecto o inconsciente se mostra freqüentemente mais capaz do que a consciência." (Frankl, 1976 a: 169)

1.4 – ANÁLISE LOGOTERAPÊUTICA DOS SONHOS COMO RECURSO NA PSICOTERAPIA

A análise logoterapêutica dos sonhos não possui um mero objetivo especulativo. Ela se constitui em um grande recurso terapêutico. Como em toda a análise dos sonhos, pode-se trazer ao consciente muitas coisas guardadas ou reprimidas, tanto no inconsciente impulsivo como no espiritual. Nesta perspectiva, este trabalho é feito por um diálogo socrático em que o terapeuta, por meio de perguntas, procura oportunizar ao paciente a descoberta dos significados, mensagens e estados anímicos de seus sonhos.

A postura do psicoterapeuta nesta espécie de análise existencial dos sonhos é a de não interferir com interpretações ou afirmações, ao contrário da rotina de alguns analistas de outras correntes psicológicas, para ajustar a história do sonho, a fim de confirmar conceitos teóricos de uma doutrina, por intermédio de um código simbólico, preestabelecido e dogmático.

Como só é possível conhecer um sonho pelo de seu relato, o desenvolvimento do sonho, igualmente, não dispensa a análise por meio de uma técnica verbalizada e maiêutica.

Neste capítulo, a idéia é apresentar alguns exemplos ilustrativos de análise logoterapêutica dos sonhos, realizados por outros autores, como uma forma introdutória ao tema, a ser desenvolvido, com os resultados de própria experiência neste campo específico.

Sobre o aproveitamento terapêutico da análise existencial dos sonhos, Boss recomenda aos terapeutas e pacientes a levarem o sonho a sério, como uma das facetas mais integrais da realidade humana. Concluiu que o modo de existir onírico, captado numa análise existencial do sonho, prova ser de decisivo valor terapêutico. E acrescenta ainda o analista existencial:

"Nas mãos de um terapeuta experiente, os sonhos são amiúde claramente apropriados para alertar o paciente em seu estado desperto mais perceptivo, a um significado idêntico de possibilidades de viver irrealizadas na própria existência. Isto ajuda o paciente a clarificar a sua relação com sua maneira de viver desperta e, conseqüentemente, também a realização consigo próprio e com o mundo que o cerca." (Boss, 1979: 204)

Boss sustenta que existe uma vantagem no sonho, pois nele estão presentes as significações que, na quase totalidade das vezes, ainda não foram confrontadas na vida desperta do paciente. Elas não só impressionam aquele que sonha, mas constituem uma circunstância muito especial.

Antes de explanar os significados dos sonhos, Frankl, já em sua obra autobiográfica, mostra a importância deles. Relata um sonho que foi decisivo em sua vida. Na ocasião, era um médico psiquiatra e neurologista de destaque em Viena, sua terra natal, onde ocupava o cargo de Diretor da Policlínica da Universidade de Viena. De origem judaica e cidadania austríaca, Frankl e sua família viveram naquele período sombrio da Segunda Guerra Mundial. Quando foi deflagrada a guerra e a perseguição nazista atingiu os judeus, Frankl obteve um passe para os Estados Unidos; Estela, sua irmã, conseguiu emigrar para a Austrália e seu irmão, tentando ir para a Itália, foi capturado pelos SS.

Entretanto, Frankl, sem fazer ainda uso de seu visto, acompanhava os pais em idade avançada. No seu interior persistia uma preocupação sobre a opção que deveria fazer entre a defesa de sua vida e da esposa e a realização profissional em outro país, ou a proteção a seus pais e o apoio aos companheiros. A decisão era de sua inteira responsabilidade. Seus pais insistiram para ele deixar o país. Nessa oportunidade teve um estranho sonho profético, que lhe indicava o caminho a seguir:

"E naqueles dias tive um sonho estranho, que ainda hoje faz parte das minhas experiências mais profundas no reino dos sonhos. Sonhei com uma grande multidão de psicóticos e pacientes em fileiras para serem conduzidos às câmaras de gás. O sentimento de compaixão experimentado foi tão forte que decidi me unir a eles. Pensava que devia fazer algo: atuar como psicoterapeuta em um campo de concentração haveria de ser mais significativo que ser um dos psiquiatras de Manhattan..." (Frankl, *apud* Fizzoti, 1977: 25)

Pareja Herrera comenta este sonho como um grande exemplo de conteúdo existencial dos sonhos que apontam para uma dimensão de sentido além de si mesmos.

No capítulo "A Interpretação Logoterapêutica dos Sonhos" do livro *A Busca do Significado* (1984), de Joseph B. Fabry, o autor chama a atenção para o seguinte:

"Assim como o psicanalista procura conscientizar seus pacientes de seus impulsos reprimidos, também o logoterapeuta tenta ajudar os pacientes a tomarem consciência dos seus conflitos espirituais reprimidos e de seus conflitos de consciência. Como os impulsos reprimidos, a reprimida voz da consciência revela-se, algumas vezes, através dos sonhos. O psicanalista analisa os sonhos em busca de manifestações do inconsciente instintivo; o logoterapeuta, em busca dos indícios reveladores do inconsciente espiritual." (Fabry, 1984: 101)

Fabry, em um trabalho apresentado no VII Congresso Mundial de Logoterapia, publicado nos Anais pela Editora do Instituto de Logoterapia – Berkeley, Estados Unidos (1989), afirma que até os pesadelos podem oferecer conforto emanado de nosso inconsciente espiritual e que pode comprovar isto pessoalmente. Relata que, após a guerra em 1945, ouviu que seus pais e muitos membros de sua família haviam morrido em campo de concentração. Conta que tentou superar a tragédia da melhor maneira, mas sentia que de certa forma muita repressão o acompanhava. Em uma noite sonhou que andava em uma linda floresta, semelhante à lembrança de infância que tinha da floresta de Viena. Aí, repentinamente, um pássaro enorme capturou-o. Olhou para os campos e florestas embaixo e não sentiu medo. Então, uma ampla área de terra árida foi avistada, cinza e feia. Quando estava bem acima desta terra inútil, o pássaro voou mais baixo e aí ele teve uma visão repulsiva: buracos na terra repletos de cadáveres e esqueletos, como nos campos de concentração. Diz que enquanto permanecia horrorizado, os cadáveres começaram a se desintegrar formando húmus que preenchiam os buracos. A grama começou a crescer assim como árvores e flores. Quando o pássaro levantou vôo mais alto, a área parecia fazer parte de uma floresta com pássaros cantando nas árvores. Ao acordar, Fabry recorda que levou muito tempo para despertar completamente e, durante este período de sonolência, sentiu-se sereno como há muito tempo não se sentia. Comentando o sonho diz que não considerou esta mensagem como sendo religiosa e, sim, como mensagem de seu próprio espírito. Entendeu-o de imediato e completamente sem que fosse necessário um diálogo socrático para mostrar-lhe o sentido. Reconheceu, neste sonho, a solução para o problema que sofrera com a perseguição do povo judeu e de familiares seus na Segunda Guerra Mundial, cujo trauma ainda se mantinha com resquícios reprimidos. (Fabry, 1989: 73-74) Reconheceu porém que, freqüentemente, os diálogos socráticos são absolutamente necessários para desvendar o simbolismo dos sonhos.

Por outro lado, na análise logoterapêutica dos sonhos é possível, pelo diálogo socrático, verificar os valores do sonhador. Na coleção de Fabry encontra-se um sonho sobre isto.

Um paciente relata um sonho que o intrigou e o desgostou. Ele se viu em um porão escuro com sua esposa e filhos. Quando seus olhos acostumaram-se com o escuro, percebeu que a sala estava repleta de pacotes belamente embrulhados. Sua esposa pediu-lhe que pegasse um e ele o fez. Quando o abriu, decepcionou-se ao encontrar um busto de Richard Wagner. Sua esposa pediu-lhe que escolhesse outro pacote e novamente desapontou-se. Continha um jogo que não jogava desde que seus filhos eram pequenos. Sempre considerava jogos uma perda de tempo. Então sua esposa disse-lhe que teria uma terceira e última oportunidade para desembrulhar um presente. Desapontou-se mais uma vez. O pacote continha uma árvore de Natal, de plástico, e coloridos objetos decorativos usuais. Disse o paciente que sempre se negou a gastar dinheiro em ornamentos que seriam usados somente uma vez por ano, e seriam depois jogados fora. (Fabry, 1989: 75)

Em um diálogo socrático, posteriormente, o homem teve o desvelamento do sonho. Ele percebeu que a mensagem do sonho era: "Jogue! Relaxe! Divirta-se! Não seja um viciado em trabalho!" Música (Wagner), jogos (Monopólio), festas (árvore de Natal). Este sonho indicava a necessidade de valores vivenciais com o afastamento de um trabalho obsessivo. Ele seguiu o conselho de seu inconsciente e suas depressões desapareceram.

Um sonho também poderá indicar a falta de satisfação do paciente causada por um egocentrismo, neurótico ou não, mas que indica a ausência de valor de autotranscendência que possibilita uma relação mais ampla com o mundo circundante, incluindo um melhor e mais autêntico relacionamento com as outras pessoas e uma forma de descoberta para ser-com-os-demais. Esta realização, por meio da autotranscendência segundo a Logoterapia, é superior à auto-realização preconizada por outras escolas de psicologia também chamadas de humanísticas.

Conhecendo o interesse da autora do presente trabalho pela temática da análise logoterapêutica dos sonhos, a Dr.ª Lola Pérez Uderzo, psiquiatra argentina, entregou-me alguns exemplares de seu arquivo ainda não publicados. Foi escolhido o sonho de sua paciente Anita, que é transcrito aqui:

"A paciente inicia a sessão afirmando que se sente mal espiritualmente. Considera que não tem objetivo na vida.

Paciente: Não sou nenhuma ativista política e nem venci em minha profissão de advogada. Vivo somente. Sei de tudo um pouco, mas nada em profundidade.

Terapeuta: Você é extremamente inteligente, mas não se detém, não se aprofunda. Isto já vimos na outra sessão. (Isto veio acompanhado de grande carga emotiva na sessão anterior.)

Paciente: Não me comprometo.

Terapeuta: Recorda o que dizia Goethe: 'Aquele que tem um porquê para viver suporta qualquer como'?

Paciente: É que não tenho mais metas.

*Terapeuta***:** Descobri-las também poderia ser uma meta, o que achas?

Paciente: Quero contar-lhe um sonho que me impressionou: decidi sair desnuda porque me sentia bem assim. Nesse momento não estavam comigo nem meu marido nem minha filha. Andava nua, mas me sentia cômoda. Não era por sedução que assim andava. Senti que as pessoas me olhavam, mas eu sabia que não tinha nada de mal. Vi um homem que andou em volta de mim e se abraçou em minhas pernas e me beijava com carinho. Eu o reprovava e dizia que não me molestasse. Porém, me deixei vencer pelo seu afeto e me abandonei a ele. Aí me transformei numa árvore, uma planta. Começaram então a crescer raízes de plantas nos pés, nos braços e nos ombros. Eram mais propriamente tentáculos. Eles me asfixiavam. Desesperada eu os cortava com uma faca, mas eles voltavam a crescer. Quanto mais os olhava e lutava era pior. Sentia uma grande angústia. Porém, num determinado momento, levantando os olhos e olhando ao longe, como por encanto, desapareceram, os tentáculos caíram como mortos desintegrados.

Terapeuta: Com o que associas o sonho?

Paciente: Não sei.

*Terapeuta***:** Vamos ler as minhas anotações. (A terapeuta lê para a paciente ouvir.)

Paciente: Algumas coisas são muito claras. O homem era meu marido. Ele agora está bem comigo, já não abraçava minhas pernas. Você sabe que nossa única relação positiva é o sexo. E isto estava desaparecendo. Eu antes acreditava que o sexo era o mais importante, o que justificava meu matrimônio. Mas agora, me dou conta de que não é. Isto não basta. Eu sou algo mais. Verdadeiramente eu não me sinto bem. Me desvalorizava ao conformar-me só com isto. Eu queria mostrar-me tal qual sou. Desnuda. Autêntica. Antes era muito irascível. Brigava com todo mundo. Era intolerável. Decidi ser amável com as pessoas e manifestar meu afeto, aceitando-as como são cada uma delas. Desnudas. Autênticas. Por isso me senti bem, assim no sonho. Creio que as coisas se confundem ou se superpõem no sonho. Minha nudez com os demais.

Terapeuta: É que à medida que aceitamos os demais, nos aceitamos a nós mesmos. Somos mais tolerantes com os demais quanto mais o somos conosco mesmo.

*Paciente***:** Sim, é o que estou fazendo.

Terapeuta: E os tentáculos?

Paciente: São como todo o meu passado que aparece constantemente e me pressiona, me sufoca. Quero cortá-los e trato de fazê-lo por todos os meios, com uma faca, mas reaparecem uma e outra vez.

Terapeuta: Como resolves isto no sonho?

Paciente: Resolvo porque eles se dissolvem, se desintegram quando levanto os olhos e vejo mais além de mim o horizonte.

Terapeuta: É como que, à medida que você se concentra em si mesma, aumenta a pressão do passado?

Paciente: Sim. Quando olho mais além de mim mesma me sinto em paz, quando olho o horizonte.

Terapeuta: Anita, relaxe agora. (A terapeuta sugere-lhe relaxar com os olhos fechados e concentrar-se no horizonte visualizando-o totalmente e logo deleitando-se nele para só depois abrir os olhos.) Desenha o que viste agora. (A paciente desenha o horizonte e coloca uma série de pessoas também.)

Paciente: Esta pessoa aqui é minha filha; estas, meus clientes...

Terapeuta: Veja bem, Anita. À medida que nos esquecermos de nós para nos abrirmos ao horizonte dos outros, nos sentimos verdadeiramente plenos.

Paciente: E em paz."

    Comentário da terapeuta sobre os resultados da análise do sonho: "Aqui se visualizou a tendência para a autotranscendência".
(Pérez Uderzo, 1992: 1-3)

Considerando, de outra parte, que o inconsciente espiritual, visto por Frankl, revela todos os elementos que dele fazem parte, pode-se encontrá-los também reprimidos. Tanto a criatividade como a religiosidade pertencem ao inconsciente espiritual.

Freud considerava a religião como a neurose obsessiva comum ao gênero humano (Freud, 1973: 84), ao que Frankl responde que na neurose pode haver uma deficiência de transcendência e que a neurose obsessiva é a religiosidade psiquicamente enferma. (Frankl, 1979 a: 78)

Jung considerava que era importante que o homem elaborasse corretamente a sua experiência de Deus e não utilizasse somente sua capacidade de raciocínio abstrato.

Frankl, em sua experiência clínica, encontrava, não raro, a abundância de elementos religiosos, em estado latente, em sonhos de pacientes declaradamente irreligiosos.

Assim, houve a oportunidade de ver como alguns sonhos foram aproveitados na prática da Logoterapia.

Nos exemplos citados, o sonho de Fabry, analisado por ele mesmo, ajuda a resolver a angústia causada pelos resquícios de um trauma antigo; o sonho do paciente de Fabry proporcionou ao paciente deixar a obsessividade com o trabalho para realizar valores vivenciais mais gratificantes; o sonho da paciente Anita, relatado por Uderzo, serviu para mostrar-lhe uma visão nova de si mesma e realizar uma mudança do egocentrismo para a autotranscendência.

Freud afirmou que os sonhos são o real caminho para o inconsciente. Frankl concorda, mas uma vez que considerou o inconsciente como parte não só da psique como também do espírito, abre um caminho que leva a um campo mais vasto ainda, ampliando o leque das possibilidades terapêuticas da análise dos sonhos. Frankl destaca que o inconsciente humano contém uma dimensão instintiva em que emoções são reprimidas e não havendo desejo de enfrentá-las conscientemente; assim, traumas reprimidos podem causar neuroses. Lembra também que, na visão da Logoterapia, há uma dimensão espiritual do inconsciente na qual poderá estar um desejo de sentido. E quando o sentido é reprimido pode causar vazio, frustração existencial, conflitos de valores e depressão. Também os valores éticos reprimidos e a voz da consciência abafada, bem como a criatividade e a religiosidade reprimidas, poderão causar problemas psicológicos acompanhados de sintomas nas neuroses noogênicas, bem como reforçar outros comportamentos neuróticos de origens diversas.

Pela análise logoterapêutica dos sonhos, pode-se tomar conhecimento destes sentidos, de uma gama de valores das manifestações da consciência ética, das potencialidades criativas e das tendências místicas do espírito.

Fabry, seguidor da análise logoterapêutica dos sonhos, com base na ampliação do inconsciente realizada por Frankl, comenta:

"Pode-se dizer, talvez simplificando demasiadamente, que enquanto nosso inconsciente instintivo contém muito do que está errado conosco, nossa dimensão espiritual contém muito do que há de certo conosco, o que nos é ignorado." (Fabry, 1989: 1)

Como a Logoterapia é menos retrospectiva e mais prospectiva, considerando este aspecto, a análise dos sonhos, por este prisma, aumenta as possibilidades terapêuticas para os pacientes.

2 – Sonhos que expressam vários conteúdos inconscientes

2.1 – Introdução ao estudo de um símbolo com significados diferentes – Símbolo da Cobra

Procurou-se iniciar a apresentação dos sonhos de uma forma simples para poder se estabelecer uma compreensão dos conteúdos deles diante da realidade existencial de cada paciente. Tomou-se, inicialmente, o critério do significado do simbolismo para mostrar que não pode haver critérios únicos e preestabelecidos. Assim, um mesmo símbolo pode aparecer com significados diferentes conforme a história de cada sonho, que, por sua vez, está inserida na história de cada sonhador e expressa uma vivência oriunda diversa relacionada à situação existencial de cada um.

Entre outros símbolos procurou-se escolher a da imagem de uma cobra que, pela divulgação e popularização da simbologia psicanalítica, tem sido associado ao símbolo fálico. Este tipo de associação banalizado pela farta divulgação de análises de sonhos não científicas e que estão contidas em revistas e almanaques populares levam os leitores a aceitarem como definitiva uma única associação. Por outro lado, também nos meios científicos, muitos analistas ainda seguem uma única interpretação simbólica com fundamento teórico dogmático.

Considerando-se, pois, o símbolo da cobra, pode-se ver por meio de quatro exemplos, com interpretação diferente, como um único símbolo pode expressar coisas diferentes.

Freud, utilizando o método de associação livre, criou uma forma de interpretação de sonhos e estabeleceu os símbolos de forma universal. Em sua obra *Los Sueños* (1973), tratando do simbolismo do sonho, afirma:

> "Entre os símbolos masculinos mais compreensíveis citaremos os répteis e os peixes, mas sobretudo o famoso símbolo da serpente." (Freud, 1973: 2216)

Embora não se pretenda tecer comparação entre teorias psicológicas para maior esclarecimento, pode-se usar os primeiros exemplos de autores renomados e, em segundo lugar, dois exemplos retirados da prática terapêutica da autora do presente trabalho.

Medard Boss, analista existencial, em seu livro *Na Noite Passada Eu Sonhei* faz uma comparação entre a reinterpretação junguiana de um sonhar com a comparação fenomenológica dos mesmos fenômenos oníricos usando o exemplo de um sonho com cobra, descrito no artigo de Jung intitulado *A natureza dos sonhos*[6] (1936). O sonho era o seguinte:

Um homem moço sonha com uma grande serpente que está guardando um cálice dourado numa gruta subterrânea." (Jung, *apud* Boss, 1979: 160

A paciente de Jung faz uma conexão com uma cobra gigantesca, vista num jardim zoológico. O analista considera este contexto desapontador, mas neste caso diz ele:

"Devemos recorrer à mitologia, onde serpentes e dragões, cavernas e tesouros representam um rito de iniciação do herói. Torna-se, então, claro que estamos lidando com uma emoção coletiva, o que vale dizer uma situação emocional típica cuja natureza não é basicamente pessoal e sim apenas secundariamente." (Jung, *apud* Boss, 1979: 160)

Jung apelava para o inconsciente coletivo e não se detêve no contexto da realidade do paciente.

Chevalier e Gheergrant, no *Dicionário de Símbolos* (1988), sustentam que a serpente não apresenta somente um arquétipo, mas está ligada à noite fria, pegajosa e subterrânea das origens. Seria um arquétipo fundamental ligado às fontes de vida e da imaginação que conservou as valências simbólicas até mesmo contraditórias. Estas valências poderão ser encaradas de forma diferente, sendo objeto de repulsa para os ocidentais dos dias de hoje, mas que mantêm vivas e aceitas as valências positivas para os orientais.

---

6. *Referência bibliográfica in Boss, 1979: 160: Jung,C.G. Vom Wesen der Träume.CIBA-Zeitschrift, 1936, 3 (36):101*

Boss considera que, do ponto de vista Daseinsanalítico[7], a interpretação de Jung foi falha quanto ao propósito de captar cuidadosamente o contexto pertinente. Segundo Boss, o terapeuta fenomenologicamente orientado, não faria como Jung dirigindo o paciente para longe da cobra concreta do sonhar. Ele teria insistido numa descrição simples percebida em seu meio ambiente e não em cobras mitológicas e abstratas. Ainda mais, afirma o analista existencial, as figuras e as imagens mitológicas são derivadas das experiências concretas de seres humanos individuais, em vez de serem tais mitos o solo comum dos quais brotam os animais e as coisas do sonhar humano, como quer Jung.

Medard Boss apresenta em seu livro o sonho de um paciente que estava numa selva primitiva onde é picado por uma cobra. Ele puxa de uma arma, atira e mata a cobra. Mas logo em seguida começa a sentir-se mal por causa da picada, perde a consciência e vai para o hospital onde acorda acompanhado de uma enfermeira, vestida de branco com olhar amoroso de mãe.

O autor existencialista afasta-se de qualquer especulação simbólica ao analisar este sonho e comenta:

"Para um observador não tendencioso, a selva que se apresentou aos sentidos do sonhador não é mais do que uma selva e, entretanto, tão real quanto qualquer selva que possa ser percebida em seu estado desperto. Da mesma maneira, a cobra do sonho é só uma cobra, ela não 'significa realmente' outra coisa que não ela própria."
(Boss, 1979: 53)

Entretanto, lembra o autor que tanto acordado como sonhando o paciente que tem uma cobra investindo contra ele o faz enxergar a vida não domesticada, mas como uma força hostil. Ele poderia ser indagado se, em estado desperto, que não somente o da natureza, mas a própria existência contém um domínio selvagem repleto de possibilidades de vida indomada e de forças perigosas e ameaçadoras.

---

7. *Daseinsanalítico=analítico-existencial*

Para os analistas existenciais, tanto o conteúdo do sonho quanto sua mensagem terapêutica emergirão sem qualquer apoio da mitologia ou folclore, sem nenhum conhecimento de psicologia primitiva ou auxílio de simbologia preestabelecida ou de doutrina psicológica expressa.

O terapeuta poderá oportunizar ao paciente encontrar o sentido existencial de seu sonho.

O comportamento analítico existencial apela para a maior consciência de percepções do paciente no estado desperto do que no sonhar.

Frankl, no capítulo sobre a interpretação analítico-existencial dos sonhos, diz que utiliza o método de Freud para ir ao inconsciente impulsivo, mas que marcha adiante perseguindo outro fim. Afirma o autor:

"Caminhamos juntos, mas marcamos o passo separadamente." (Frankl, 1979 b: 44)

Elisabeth Lukas, em seu livro *Atitude e Saúde* (1987), relata o sonho repetitivo de um paciente que, continuamente, sonhava com uma cobra que se enrolava em seu corpo e a apertava ao redor do pescoço. O psicoterapeuta reconheceu, no sintoma, o efeito de um trauma muito antigo que teria se originado no estágio pré-natal com o cordão umbilical enrolado ao pescoço. A reativação do trauma pelo psicoterapeuta foi considerada nociva, pois o paciente entrava em pânico ao ouvir a palavra cobra, mesmo desperto. Esta terapia malsucedida fez com que a paciente consultasse a logoterapeuta Drª Lukas.

No presente caso, Drª Lukas não deu importância a este significado apenas descoberto, mas partiu para estabelecer um bom relacionamento entre paciente e a cobra dos sonhos pela intenção paradoxal[8], criando com o paciente cenas imaginárias em que ele seria um acrobata de circo e a cobra, um animal amigo que se enrolava nele em cenas que recebiam o aplauso da platéia. Após meio ano de trabalho terapêutico em conjun-

---

8. *Intenção paradoxal – A técnica de "intenção paradoxal" é uma técnica logoterapêutica pela qual se busca conseguir o contrário daquilo que é realmente buscado ou desejado. Mediante o uso da contradição e do humor, o terapeuta induz o seu paciente a desejar o que teme ou o que não deve fazer.*

to, o pesadelo havia desaparecido. A logoterapeuta, comentando com o paciente, no fim do tratamento, o caso, disse-lhe que agradecesse a Deus por, apesar de ter o cordão umbilical enrolado no pescoço, ter visto a luz do mundo como um bebê saudável e que fizesse alguma coisa boa na vida que lhe fora presenteada.

O paciente, ao despedir-se, pegou a mão da terapeuta e disse que em primeiro lugar deveria agradecer a ela.

Isto vem mostrar, claramente, que em Logoterapia o que importa não é descobrir um símbolo e seu significado por meio de uma análise de sonho, mas que esta análise e este sonho sejam integrados e aproveitados como recurso terapêutico eficaz.

Paciente Ivete
Apresentação e dados sobre a paciente

Ivete, 32 de anos, solteira, mora sozinha. Com curso superior trabalha em empregos aquém de seu preparo cultural. Possui uma personalidade rica em possibilidades afetivas, intelectuais e criativas. Trabalha como auxiliar de contabilidade, prestando serviços de datilógrafa e, às vezes, de telefonista. Boa aparência, olhos grandes e perspicazes. Seu principal problema é um "vazio existencial"[9], envolvido num "vazio afetivo". Diagnóstico: sofre de "neurose noogênica"[10]. Já fizera tratamento anterior individual e em grupo, com base psicanalítica.

Sua família não é acolhedora. Tem o hábito de criticar. Não é acolhida pelos irmãos, acentuando sua necessidade de afeto e levando-a a buscá-lo na companhia de homens. Durante a psicoterapia descobriu que o que a levava a estes relacionamentos não era a necessidade sexual, pois podia caracterizar-se como uma mulher frígida. Sua necessidade era construir uma família organizada em termos tradicionais e afetivamente estável e resolver seu vazio existencial.

---

9. *Vazio existencial: sentimento de vazio, falta de sentido na vida,* tedium vitae.
10. *Neurose noogênica: classificação dada por Frankl em 1949 à neurose causada por uma frustração existencial, conflito de consciência e colisão de valores.*

A evolução dos sonhos e da psicoterapia deixaram claro para Ivete que havia feito uma hiper-reflexão sexual, buscando na realização sexual valores relacionados com os afetos, o desejo de ser aceita, o ideal familiar, a compensação de suas frustrações familiares, etc. Por isto mantinha contatos com colegas de trabalho só por atração sexual. Quando tinha relações e não sentia prazer, o que era o mais comum, sentia-se deprimida e frustrada.

O sonho relatado pertence a uma fase intermediária do tratamento. Foi a partir do último sonho, com simbologia fálica, que as cenas familiares posteriores foram cada vez mais freqüentes nos sonhos.

Relato do sonho

Paciente: Éramos três pessoas, Antônio, eu e outra mulher que não identifiquei, mergulhando no mar. O mar tinha a forma de esfera. Estávamos mergulhando sem aparelhagem alguma e respirando normalmente, debaixo da água. Tudo estava normal; estávamos em pé, mas nos mexendo debaixo da água. Havia cobras bem grandes que andavam também no meio da água. Uma cobra tentou me abocanhar uma perna e eu tirei a perna e tentei fugir dela, sem medo ou pavor.

Resumo da análise do sonho

A paciente identificou a cobra como símbolo fálico. Ela mantinha relação com Antônio, seu colega de trabalho, que era casado, numa cabine telefônica do prédio. Identificou a cabine com o mar redondo, porque lá só podia ficar em pé, isto é, manter relação em pé. O mexer-se debaixo d'água foi associado com os movimentos na relação sexual.

No início do tratamento ela não fazia seleção em suas relações sexuais. Mas, à medida que o tratamento se desenvolvia, ela ficava mais seletiva e descobria que sua carência não era de relações sexuais, mas de afeto, e, por detrás da carência de afeto, o que realmente ela buscava era constituir uma família. Sendo assim, o símbolo fálico no sonho, expresso pela cobra, fez com que ela fugisse. Sua fuga representava o desejo de não se envolver com ligações sexuais sem afeto e sem sentido.

Comentário:

Neste caso da paciente Ivete, a cobra foi considerada um símbolo fálico. Este sonho foi o último de uma série de sonhos da paciente com conteúdo de libido sexual. É de notar que a paciente não se deixou dominar pelos impulsos sexuais sentidos no sonho. A paciente descobriu que a relação sexual isolada não realizava seu sentido de amor e de família. E, conquanto a simbologia fálica aparecia cada vez menos nos sonhos, as cenas familiares foram cada vez mais freqüentes. A paciente descobriu outras áreas de interesse existencial e de certa forma passou por um processo de reeducação sexual e reorientação afetiva.

Paciente Carmelinda

Apresentação e dados sobre a paciente

Carmelinda, dezessete anos, solteira, única filha mulher. Os pais são muito rígidos, porém, zelosos e interessados nela. Pela linha paterna tem antecedentes familiares de casos psicóticos. Mora com os pais que a protegem muito em virtude de sua fragilidade física e psíquica.

Apresenta-se muito fraca, sugerindo um organismo frágil, excessivamente magra, desconfiada e ensimesmada. Estudante do 2º grau. Inteligência média. Gosta de música. Passou a interessar-se pela leitura durante o tratamento. Vivia isolada tanto em casa como na escola. A relação afetiva era manifesta aos animais e aos avós.

No início do tratamento não falava nada e demorou a estabelecer um laço afetivo com a terapeuta. Mais tarde foi estabelecido um relacionamento de verdadeira amizade entre ambas, que era expressa pela troca de presentes e gestos de estima e entusiasmo.

Apresentava características psicóticas bem acentuadas: isolamento do tipo autista, auto-agressão freqüente (arranhar o próprio rosto, beliscar-se e machucar-se), visão do mundo e das pessoas como permanentes agressores. Embora tivesse essas manifestações, não confundia os fatos e coisas da realidade com fatos e coisas internas, mas os transformava dentro de si. O tratamento iniciou-se com psicoterapia, na linha da Logoterapia, e complementou-se com psicofármacos receitados pelo psiquiatra pertencente à equipe de trabalho.

O sonho com cobra é parte de uma seqüência em que as cobras são seres sempre agressores.

Relato do sonho nº 1

Paciente: Só me lembro da situação em que estávamos no meio do mato. Aí apareceu uma cobra que era muito grande. Eu não me lembro como ela era. A impressão que eu tinha é que ela era feia, pavorosa. Aí, de repente, ela veio contra alguma coisa. Pensei que ela quisesse me agredir, mas ela passou ao meu lado. Eu fiquei parada, com medo e assustada. Eu não estava perto de minha casa e não tinha como me proteger.

Relato do sonho nº 2

Paciente: Sonhei esta noite com uma cobra de aparência horrível. Ela era marrom e tinha dentes grandes. Ela me mordeu quando eu estava fora de casa, perto do muro. Quando a vi eu pensei em entrar logo para o nosso lado e tentar fugir dela. Tinha mais gente perto de mim, mas ela mordeu só a mim. Escolheu-me exatamente em vez dos outros. As outras pessoas viam esta cobra como uma cobra qualquer. Eu vi logo que ela tinha alguma coisa e estava feroz.

Resumo da análise dos sonhos

A paciente identificou a cobra primeiro com as pessoas com as quais convive na escola e depois com ela mesma. Identifica sua posição estática com a postura que tem socialmente, não procura ninguém e não se relaciona com ninguém. Diz não se aproximar de ninguém, pois assim se sente protegida. Quando identifica a cobra consigo mesma, lembra que comete auto-agressões.

Comentário:

A paciente Carmelinda relacionou a cobra vista nos sonhos a expressões de seus impulsos agressivos.

Este sonho foi um dado a mais que permitiu à paciente reconhecer sua problemática psicológica, aceitar o tratamento psicofarmacológico como mais um recurso de saúde. Sem centrar-se no sintoma de auto-agressividade, aceitou ser orientada para ampliar sua área de liberdade, dentro da visão de pessoa humana na Logoterapia, aumentando o grau de responsabilidade para consigo e procurando assim aumentar suas potencialidades positivas na direção de valores por realizar. Com este tratamento, a paciente aumentou também seu grau de autoconfiança, melhorou seu relacionamento com os outros (autotranscendência) e conseguiu ingressar na universidade, realizando, desta forma, suas potencialidades intelectuais e artísticas (valores criativos). Conseguiu assim o autodistanciamento da problemática.

2.2 – Introdução teórica e fundamentação da relação terapeuta-paciente em Logoterapia

A Logoterapia de Viktor E. Frankl é uma terapêutica humanista que se apóia em postulados teóricos, mas realiza, na prática, uma terapia do homem para libertar o homem. A análise da atitude terapêutica, do uso do método e das técnicas e o encontro terapêutico em Logoterapia revelam uma postura, por parte do terapeuta, que evidencia o respeito à dignidade da pessoa humana. A relação terapêutica em Logoterapia tem o caráter de um encontro existencial. A ênfase é posta no encontro de pessoa-a-pessoa e no compromisso de uma relação humana. Ambos, paciente e terapeuta, caminham juntos em caminho-processo de busca e descobrimento.

A atitude básica do logoterapeuta é não só a de acompanhar, mas ao mesmo tempo estar aberto à busca do sentido e do valor.

Em Logoterapia, a relação terapeuta-paciente não mais considera o terapeuta como um observador não comprometido com a experiência e que trata de manter distância com o paciente, com a finalidade de assegurar a objetividade dos fatos.

O autor argentino logoterapeuta Omar Lazarte, no capítulo "La Presencia Participante como Actitud Basica del Psiquiatra en la Relación Psicoterápica", publicado em seu livro *Siempre Puedes Elegir* (1991), apresenta as características do terapeuta como observador participante e pessoa participante, valorizando a relação primordial eu-tu. No caso do médico ser meramente observador, o psicoterapeuta é concebido como um espelho no qual poderia refletir-se o paciente. Antes mantinha-se uma separação relegando-se sua finalidade terapêutica à função de investigador. Porém, percebeu-se, em psiquiatria, que o terapeuta estava participando emocionalmente de alguma forma no processo terapêutico.

Lembrando Sullivan, se reconhece que o terapeuta está sempre comprometido com o processo e que, como observador-participante, capta as modificações que ocorrem no paciente e nele mesmo, integrando assim um novo campo bipessoal psicoterápico no qual, sem dicotomias, ambas as pessoas caminham para se encontrar.

Já a pessoa participante é caracterizada pelo psicoterapeuta, aberto para o mundo do enfermo, numa intencionalidade psicodinâmica. Neste caso, o terapeuta toma consciência de que está comprometido com esta relação, como pessoa e não só como observador. Sua participação como pessoa não é superficial, mas está fundamentada numa atitude interpessoal mais profunda. À medida que a psicoterapia chega a ser profunda, a relação interpessoal alcança, segundo Lazarte, o nível de uma verdadeira comunicação existencial, de um verdadeiro encontro, numa relação direta eu-tu considerada por Buber a relação primordial.

"É aí onde se alcança o nível do encontro existencial.

O terapeuta se coloca na atitude de um eu que se põe em relação com um tu e, portanto, pode perceber o paciente como pessoa total, como ser-no-mundo, com o respeito, aceitação, compreensão e solidariedade necessários, ao mesmo tempo que se observam os aspectos contingentes, que estuda os sintomas, que interpreta os dinamismos, que utiliza técnicas e métodos." (Lazarte e Pérez Uderzo, 1991: 76)

O autor segue dizendo que a relação primordial significa uma presença plena que se expressa em três aspectos fundamentais: primeiro, em nível afetivo, como solidariedade e simpatia com o próximo; segundo, em nível cognoscitivo, manifesto pela percepção e compreensão empática; e, em terceiro lugar, em nível volitivo, que é intencionalidade e responsabilidade de curar. Estes níveis correspondem a três atitudes básicas que devem ser mantidas por meio de todo o processo terapêutico: em primeiro lugar, deve ser solidário; em segundo, compreender empaticamente o mundo do paciente; e, em terceiro, manter o compromisso básico contraído como pessoa e como profissional. Em suma, o psicoterapeuta deve ser uma presença participante em uma dupla forma, conforme afirma Lazarte, por um lado constituindo a relação primordial eu-tu, em uma efetiva comunicação existencial, e, por outro, por uma participação concreta com o mundo e os conflitos do paciente que trata de resolver.

Segundo Lazarte, esta relação tem a característica de ser, num plano mais profundo, uma participação primordial – uma comunicação eu-tu. Esta presença participante significa que o psicoterapeuta se afirma como ser consciente e responsável em sua solidariedade e que, no momento de desenrolar o processo terapêutico, desperta no paciente a capacidade de tomar consciência de ter de assumir suas responsabilidades. Conforme Lazarte:

"Chegando a despertar seu nível noológico e a responder à presença do médico como uma co-presença.

A atitude de presença do médico, mantida durante o tratamento, leva o paciente a apoiar-se, cada vez mais, em si mesmo, em sua base espiritual, conseguindo assim distanciar-se de seus sintomas, conflitos e traumas, podendo, deste modo, resolver melhor sua problemática. O médico o ajuda a permanecer sereno por sua serenidade, a fazer-se consciente por sua lucidez, a ser solidário por sua solidariedade, a fazer-se responsável por sua responsabilidade.

Todos os conteúdos de consciência se transformam quando são levados ao plano da co-presença." (Lazarte e Pérez Uderzo, 1991: 79-80)

No plano do relacionamento pessoal paciente-terapeuta, esta co-presença poderá se manifestar de várias formas. O livro citado *Siempre Puedes Elegir* traz trechos de sessões terapêuticas, descritas pela Dr[a] Lola Gómes de Pérez Uderzo, em que se manifesta, não só por parte do psicoterapeuta, mas também por parte dos pacientes, uma nova forma de relação paciente-terapeuta compreensiva e solidária.

Quando Alfredo, um paciente com depressão psicótica, tratado pela Dr[a] Lola, conseguiu aumentar sua produtividade e criatividade, ao ponto de conseguir um diploma de procurador, o qual traz ao consultório, diz à terapeuta:

– É teu!

Ao que ela lhe responde:

– É teu mérito.

Mais adiante, Alfredo exclama:

– Ah! O que descubro, dia-a-dia, com tua ajuda.

Drª Lola: – Vais ter mais peso agora com teu título de procurador e amanhã de advogado. Vais ter até a possibilidade de modificar legislações que consideres injustas.

Alfredo: – Sim, realmente se clarificou o panorama de minha vida.

Em outra sessão, Alfredo revela que lhe disseram que estava enamorado de sua psiquiatra. Ao lhe comunicar isto, ambos riram. Segue-se então o seguinte diálogo:

Drª Lola: – Que te parece isto?

Alfredo: – Não sei; nunca havia pensado.

Drª Lola: – Eu sinto, Alfredo, que como tantas vezes tens dito, te sentes bem comigo.

Alfredo: – Sim.

Drª Lola: – Falas o que te preocupa e te escuto.

Alfredo: – Me sinto compreendido, apoiado e totalmente aceito.

Drª Lola: – Então é natural que gostes de vir aqui. Tu sabes que eu te quero muito. Eu quero bem aos pacientes que atendo.

Alfredo: – Sim, eu te sinto como minha amiga. Mas amiga com letra maiúscula.

(Lazarte e Pérez Uderzo, 1991: 159-160)

Também os sonhos poderão expressar, sob as mais diferentes formas, esta relação paciente-terapeuta e poderão ser expressões de uma avaliação simbólica ou real da mesma.

Medard Boss apresenta o sonho de uma mulher solteira, de vinte e nove anos, histérica com seu analista. Ao sonhar, a mulher vê seu analista entrar subitamente na sala do tratamento com barba crescida, revolta e malcuidada, trajando roupas de rua e inadequadas à função. Na realidade, o analista sempre se apresentou bem barbeado e imaculado, usando jaleco branco. Ao vê-lo tão mal-arrumado, assustou-se com a barba, ficou com medo e fugiu. Quando desperta, ao contrário, ela enfatizou que enxergara o analista como um conselheiro racional, inteligente, digno de confiança e não tendencioso.

Comentando o sonho, Boss diz que esta mulher vê no seu analista algo mais ao sonhar do que quando está acordada. Entretanto, Boss descarta do sonho a possibilidade de que ele seja um sonho de transferência. Afirma que não há nenhuma base para se dizer que o analista barbudo no sonho significa, na verdade, algo diferente dele próprio, no qual o analista apareceu como o pai da mulher, que usava barba. Para esse autor, o sonho envolveu apenas o próprio analista, não o seu pai nem qualquer imagem paterna endopsíquica.

Referindo-se à visão dos neuróticos e à visão onírica, afirma:

"Embora sua visão possa estar nublada, ela nunca se desvia da pessoa que está à sua frente. O que torna tão imperioso livrar-se da teoria da transferência é que a relação inicial com o terapeuta, com freqüência, a mais genuína a que o neurótico tem acesso, é o único pilar que sustenta o seu mundo. Se o terapeuta abala esta relação emocional em nome de uma teoria de transferência, rotulando-a de ligação falsa ou tapeação, ele só confunde mais o paciente." (Boss, 1979: 76)

Conquanto na casuística de Frankl sobre sonhos não se encontre expressamente um sonho que verse unicamente sobre a relação paciente-terapeuta, num dos exemplos citado no capítulo "La Interpretación Analitico-Existencial de los Sueños" (A Interpretação Analítico-Existencial dos Sonhos), da obra *La Presencia Ignorada de Dios* (Frankl, 1979), este relata um sonho em que sua paciente ia à igreja repetidas vezes, mas não considerava que estava caminhando diretamente para Deus, mas, sim, indiretamente, por meio do tratamento psicoterapêutico:

"Meu caminho para Deus passava, de algum modo, pelo médico, ainda que, é verdade, ao regressar da consulta voltava a passar por diante da igreja de Alser; meu caminho à casa do médico não é, pois, senão um rodeio para ir à igreja." (Frankl, 1979b: 49)

O enfoque principal deste sonho era referente à ligação religiosa desta paciente com a Igreja e com Deus, mas, como ela mesma afirma, considerava o tratamento um caminho para a igreja.

Cytrynowiscz, analista existencial brasileiro, em seu trabalho *Abordagem Fenomenológico-Existencial dos Sonhos – II* (1981), relata o sonho de uma paciente que se caracterizava, entre outros aspectos, por uma dificuldade muito acentuada em estabelecer relacionamentos mais íntimos e com uma autocrítica muito severa. No sonho, esta paciente está em sua própria casa, quando o terapeuta chega para a terapia. Ela sente que é como se ele tivesse ido ver seus amigos e a vida dela. O reconhece, de longe, mas a visão do resto está embaçada; sente como se estivesse sem lentes de contato. Os amigos estão de máscara e tudo está sujo. Ela tenta arrumar rapidamente as coisas, mas não consegue. Aí entra numa sala onde começa a sessão de terapia. Quando repara melhor, vê uma fisionomia estranha e sai.

À pergunta do psicoterapeuta de como ela se sentia com a chegada dele, respondeu que tinha uma sensação difusa, algo como se ele fosse observar e verificar sua vida. Ele lhe perguntou se, após dois anos de terapia, continuava vendo-o como "fiscal de sua vida?" Ela respondeu que sim e começou a falar da dificuldade crescente em vir aos encontros terapêuticos e em se aproximar afetiva e abertamente, mostrar os seus sentimentos e não somente falar a respeito deles.

Em seu artigo, o psicoterapeuta mostra que, muitas vezes, abordou esse tema. Considera que o sonho freqüentemente traz os temas da vida de quem sonha de uma maneira mais palpável, pois, em vigília, as inúmeras solicitações e múltiplas ocupações levam à distração e à dispersão.

O analista relembra um trecho do relato do sonho em que a paciente diz:

"Eu reconheço você de longe, mas, como o resto, você está embaçado. É como se eu estivesse sem as minhas lentes de contato." (Cytrynowiscz, 1981: 61)

No comentário, conclui o autor que a paciente não distingue, com clareza, seu próprio mundo. Isto aparece de modo sensorial ligado a um ver-enxergar turvo que a impede de reconhecer mais nitidamente o mundo onde está envolvida. O ver-enxergar é uma maneira de compreender. Deixando de lado outras peculiaridades, o psicoterapeuta se atém mais à relação terapeuta-paciente. Lembra o que a paciente disse: "Eu reconheço você de longe"; e quando começou a terapia disse: "Quando reparo melhor vejo uma fisionomia estranha e saio". O terapeuta conclui que, no distanciamento de uma situação mais pública e, até mesmo fisicamente, mais distante, como aparece sensorialmente no sonho, pela distância "longe", ela reconhece o terapeuta, mesmo que de forma embaçada. Na proximidade da situação terapêutica, ela perde a familiaridade e tem diante de si um estranho. Neste caso, ela sai da sala e não permite, nem tenta conhecer, nem ser conhecida, enquanto o faz.

Comentando este sonho, diz o psicoterapeuta:

"Ao focalizarmos este aspecto perguntamos se via o que dificultava ou ameaçava uma aproximação. Não esperávamos uma resposta direta. O que queríamos era possibilitar-lhe entrar em contato com sua dificuldade, mais do que buscarmos explicação para sua conduta, que aliás poderia ser inúmera.

Vemos então que, nesse exemplo específico, somente perguntamos sobre o sonho em si, como ela se sentia em relação à chegada do terapeuta." (Cytrynowiscz, 1981: 61)

Em nossa prática terapêutica, temos não só recebido, por meio de expressões verbais, mas também de conteúdos dos sonhos, as manifestações do que os pacientes pensam desta relação.

A escolha de dois sonhos relatados foi feita em razão da simplicidade com que eles mostram a relação terapeuta-paciente, embora tenho em minha casuística vários outros sonhos, porém com conteúdos simbólicos mais complexos por estarem também envolvidos com questões de outra ordem referentes à vida dos pacientes.

Paciente Edu
Apresentação e dados sobre o paciente

O paciente Edu tem sessenta anos, é casado. Possui curso superior de Farmácia e exerce a profissão. Profissionalmente realizado, tem problemas de relacionamento matrimonial. Seu casamento passou por uma transformação com a mudança de vida que sua mulher teve em conseqüência de um novo trabalho ao qual se dedicou inteiramente e que lhe proporcionou independentização crescente.

Edu procurou tratamento num momento de crise matrimonial mais acerbada. Manifestou insegurança e inconformidade com os novos rumos matrimoniais e isso causou-lhe confusão e depressão. Embora fosse um homem culto e tivesse condições de auto-avaliação, estava bloqueado emocionalmente, o que não lhe permitia enxergar, com clareza, os rumos de sua vida.

O sonho aconteceu durante a segunda fase de seu tratamento, caracterizada por um trabalho psicoterapêutico que, após resolver o problema da depressão, iniciou-se com revisão dos conceitos de vida e família e cosmovisão para oportunizar posteriormente uma mudança de atitude do paciente.

Relato do sonho

Paciente: Eu estava saindo de uma sala; aí me dei conta de que tinha deixado os óculos naquela sala. Então resolvi voltar para pegá-los. Entrei na sala e fui em direção a um móvel e eles estavam em cima do móvel. Quando vou apanhá-los me dou conta que estava com outros óculos, iguaizinhos aos seus (refere-se aos óculos da terapeuta, que são de meia-lente).

Análise do sonho

Terapeuta: Muito bem, gostaria de saber por que os óculos eram meus?

Paciente: Tinham o mesmo formato. Aí reconheci como sendo os seus.

Terapeuta: Se os óculos representam os meus, o que poderia significar?

Paciente: Ajudar a ver soluções, ver problemas, enxergar o fundo do túnel, enxergar caminhos. Esta é a função dos seus óculos, não é?

Terapeuta: Porém os teus óculos eram outros e estavam sobre um móvel. Por quê?

Paciente: É a visão que tinha do mundo e das coisas ao meu redor. Os óculos que deixei em cima do móvel não eram mais necessários, porque hoje vejo tudo de outra maneira.

Terapeuta: Quero saber se esta visão atual é tua ou estás vendo por meu intermédio?

Paciente: Não é por teu intermédio. Tudo antes era muito confuso. Eu não conseguia distinguir as coisas. Agora, vejo com clareza. E tu me ajudaste a ver com clareza.

Terapeuta: Voltaste, porém, à procura dos teus óculos?

Paciente: Sim, porém esta volta foi muito boa porque assim pude me certificar que eu não precisava mais deles.

Terapeuta: O que estás vendo agora de forma diferente? Em que a psicoterapia te ajudou?

Paciente: Vejo a minha vida toda diferente. Antes eu me julgava derrotado, só e sem perspectivas. Hoje, com as mesmas circunstâncias familiares, afetivas, profissionais, etc., eu me sinto vitorioso. Interessante que nada mudou, mas até eu mesmo me vejo de outra forma.

Terapeuta: Realmente, nada mudou nas circunstâncias de tua vida, mas eu confirmo que tu és vitorioso. Segue em frente assim.

Comentário:

O sonho do paciente Edu manifesta pelo símbolo dos óculos da terapeuta, não uma identidade da cosmovisão do paciente com a terapeuta, mas o valor encontrado na psicoterapia como reorientadora de visão e de sentido da vida. As diferenças entre as concepções de vida do paciente e sua mulher não mais possuíam um denominador comum. Este sonho manifesta a atitude do paciente que, ao invés de se sentir derrotado como antes, em virtude do sucesso profissional de sua mulher com quem não mais se entendia, poderia viver sua vida dentro das mesmas circunstâncias, mas igualmente realizar seu sentido profissional, sua vocação de pai de família e como ser humano, alcançando o sentido de sua existência. Na análise do sonho comenta ele esta mudança de visão que orientou sua nova postura de vida.

2.3 – INTRODUÇÃO E FUNDAMENTAÇÃO DAS SITUAÇÕES-LIMITE EM LOGOTERAPIA: O SOFRIMENTO, A CULPA E A MORTE

Karl Jaspers trata das situações-limites da existência: a luta, a morte, o azar e a culpa.

Frankl faz referência à tríade trágica – sofrimento (dor), culpa e morte do ser humano – como manifestação da característica antropológica de sua análise existencial: o ser-humano-é-finito.

A referência à tríade trágica relaciona-se com a antropologia de Karl Jaspers, quando analisa a condição humana nas situações-limite.

A postura de Frankl não é de pessimismo ante esta dimensão humana trágica, mas, sim, realista e até, pode-se dizer, otimista. Ele procura mostrar que há aspectos em nossa condição humana que não podemos mudar, mas que por nossa atitude livre, responsavelmente eleita, podemos transformar a dimensão trágica em lucro, em favor do crescimento humano.

A resposta sobre o sentido do trágico é encontrada na atitude mesma que elegemos ante uma situação que se nos apresenta tragicamente.

Só o ser humano tem o privilégio de eleger uma atitude frente ao sofrimento que se apresenta como fatal. No caso da culpa, como expressão da liberdade não assumida, conseqüentemente, a pessoa poderá comprovar que se sentir culpada é muito pessoal e específico de si mesmo, mas que também é um privilégio humano.

Enfim, a morte é o resultado da finitude e da transitoriedade da vida humana. É a última e mais radical tanto como confrontação, como pergunta que se faz o ser humano.

O ser humano não é apenas um ser-para-a-morte, mas um ser-ante-a-morte, pois ante ela se decide e toma uma atitude.

Na entrevista que Frankl deu à revista *Manchete* em 1984, quando esteve pela primeira vez no Brasil, para presidir o 1º Encontro Latino-Americano Humanístico-Existencial: Logoterapia, realizado de 29 de abril a 1º de maio de 1984, em Porto Alegre/RS, falou sobre o sofrimento e a culpa. Em seu livro *Em busca do sentido* (1991), com a 1ª edição em alemão em 1946, descreve seu sofrimento como prisioneiro em um campo de concentração, tendo perdido seus pais, irmã e esposa em fornos crematórios, dizendo que escreveu porque queria mostrar às pessoas que, mesmo quando se encontram em situações desesperadoras, a vida ainda pode ter um sentido, mesmo nos limites de seu último momento. E mais adiante afirma:

"Quando alguém me diz que passou anos na prisão ou que está sofrendo de uma doença incurável, como o câncer, ou ainda que está enfrentando qualquer tipo de situação desagradável que não pode ser modificada, respondo a esta pessoa: se você não pode mudar a situação, você ainda pode se situar dentro dela com liberdade. O ser humano conserva a mais importante das liberdades, que é a capacidade de transformar sua atitude frente a uma situação inevitável." (Frankl, 1984e: 26)

Perguntado por uma repórter se isto é válido também para as pessoas condenadas à morte, lembra sua visita e palestra feita na prisão de Quentin, nos Estados Unidos, a pedido dos prisioneiros que haviam lido seu livro. Os prisioneiros, respondendo aos professores da Universidade da Califórnia que o acompanhavam, disseram que se beneficiaram muito com a conferência. Disseram também que já tinham ouvido muitos psicólogos e psicanalistas que afirmavam que eles estavam ali por serem vítimas de seu passado, de sua atitude social, dos guetos, etc., que isto não servia e não lhes adiantava nada. Assistiram ao Dr. Frankl porque sabiam que ele tinha sido prisioneiro e ficaram curiosos. Afirmaram que ele disse algo absolutamente diferente e que os tratou pela primeira como seres humanos.

Dr. Frankl falou nestes termos:

"Vocês tiveram e têm tido a liberdade para cometer crimes e atos insensatos. Mas agora, por favor, vocês têm a responsabilidade de agir de forma melhor. Vocês são livres para mudar e vocês são responsáveis para mudar para o melhor." (Frankl, 1984e: 26)

Comentando, Frankl disse que isto os impressionou. Segundo ele, se uma pessoa fala com alguém que não se sente responsável pelo crime que praticou, mas atribui a culpa à família ou à sociedade, se está retirando a responsabilidade com a culpa desta pessoa. E, em conseqüência, está se retirando a dignidade de ser humano. Retirando a culpa e a dignidade, está-se transformando a pessoa numa máquina a ser reparada.

Frankl mostra como os prisioneiros odeiam isto e como desejam ser considerados como seres humanos livres que tiveram a opção de cometer seus crimes e agora têm de assumir as responsabilidades e crescer além desses crimes.

2.4 – Culpa e resgate em Logoterapia

Sem entrar em questões filosóficas, do ponto de vista psicológico, vê-se que a questão da culpa está ligada à responsabilidade.

Elisabeth Lukas distingue, de um lado, o fato traumático simplesmente e, por outro, os aspectos negativos decorrentes de uma falha pessoal, não esquecidos facilmente, mas relacionados com a culpa e que pesam na alma, constituindo um remanescente perturbador, até que possa ser resolvido por intermédio de algum tipo de reconciliação ou reparação. Também só poderá ser entendido, como falha, somente aquela que for culposa, pois falhas que ocorrem sem culpa deveriam ser classificadas como excesso de exigências.

Há sentimentos de culpa injustificados e justificados. A culpa só é cabível em situações nas quais estão presentes a voluntariedade e o conhecimento das conseqüências da ação. Assim, um engano poderá ocorrer e deve ser esclarecido. Há também culpas irracionais, de ordem compulsiva, que se incluem na categoria das ansiedades psíquicas e que na Logoterapia podem ser tratadas com o auxílio da técnica da intenção paradoxal, ou, se for de ordem depressiva, com a desreflexão. No primeiro caso, caberia trabalhar com a teoria e, no segundo, com formas de ignorar ou esquecer o sintoma.

No caso da culpa justificada, que se apóia em fatos reais do passado da pessoa e que inevitavelmente se manifesta causando um "peso na alma", a única coisa a fazer com ela é propiciar uma "reparação". A culpa pode exercer, no ser humano, uma ação amplamente destruidora se não for tratada devidamente. Em sua dimensão psicológica, pode impedir o crescimento da pessoa, porque não sendo assimilada nem integrada por ela, pode fixar-se numa etapa à qual se vincula, gerando a formação de um círculo vicioso. Também pode gerar uma auto-separação e uma autodestruição, confinando a pessoa a um isolamento que, no fundo, guarda uma verdade inconfessa.

Jaspers afirma que a penitência feita por si mesma torna a culpa finita, porque a faz comensurável. Daí o valor da reparação da culpa.

Essa reparação, segundo Lukas, pode ser feita por uma reparação no próprio objeto. Por exemplo, quando uma pessoa tira algo de alguém e o devolve ou se ofende alguém e pede desculpas. Também pode ser uma reparação num outro objeto, quando no mesmo não foi possível. Lukas cita o exemplo de uma mulher que praticou um aborto e sentia-se muito culpada; conseguiu psiquicamente elaborar o aborto que praticara, aceitando cuidar e criar uma criança adotiva, com problemas a qual ninguém queria. Esta não foi considerada uma forma de aplacar o remorso, mas uma realização louvável desta mulher, que deu à sua culpa um sentido mais profundo. O terceiro tipo de reparação é a modificação do pensamento. A pessoa pode arrepender-se e o arrependimento, até certo ponto, anula a culpa. No ato de reconhecimento de seu erro a pessoa passa a um amadurecimento que não inclui autorecriminações torturantes, de caráter masoquista.

Em resumo, vê-se que os sentimentos de culpa estão intimamente ligados com a liberdade, responsabilidade e valores morais. Todos os autores estão de acordo em estabelecer uma primeira distinção entre o sentimento de culpa verdadeiro e o falso, o sentimento de culpa fundado e o infundado, entre a culpa existencial e a patológica.

A Logoterapia trata da problemática do sentimento de culpa com referência às concepções de Frankl, que considera a culpa como um dos elementos da tríade trágica (sofrimento-culpa-morte) própria do homem e a considera estritamente correlacionada com o binômio liberdade-responsabilidade.

Pareja Herrera, falando sobre a culpa e a análise existencial, afirma:

"A Análise Existencial (Logoterapia) assume que a culpa não pode ser mudada, é uma típica situação humana perante uma palpável realidade fática.

Se a culpa não pode ser mudada está na liberdade interior do ser humano trocar sua atitude ante a culpa. Aqui também vemos a diferença entre sofrimentos com necessidade fatal e sofrimentos reversíveis, reparáveis." (Pareja Herrera, 1984b: 227)

A Logoterapia proporciona a coragem de deixar a culpa como culpa, não no sentido de acusação ou repreensão, mas como uma oportunidade para uma nova reflexão sobre as possibilidades positivas de uma mudança de atitude e para oportunizar o amadurecimento pessoal.

Com relação ao posicionamento do psicoterapeuta, diz Fizzoti:

"O logoterapeuta não condena nem absolve, mas de fato expressa mais ou menos explicitamente um juízo sobre a natureza neurótica (falso sentimento de culpa) ou existencial (verdadeiro sentimento de culpa), ainda que só seja indicando ao sujeito como deve **'tomar posição'**: se o sentimento de culpa for autêntico deve sofrer (expiar) e procurar reparar, entretanto se é neurótico tem que procurar 'distanciar-se'." (Bazzi e Fizzoti, 1989: 130)

Finalmente, num plano mais espiritual, a pessoa poderá descobrir o sentido da mesma e também a relação com Deus.

Medard Boss traz em seu livro, já citado, *Na Noite Passada Eu Sonhei* (1979), um único exemplo de sonho, capaz de oportunizar reflexões sobre a culpa. Ele relata um sonho de um homem que sonhou ter assassinado, por prazer, três mulheres de formas diferentes e que depois foi condenado à forca e que acordou no momento em que estavam colocando a corda em seu pescoço.

Boss critica a posição freudiana que qualificaria o sonho como realização de um desejo inconsciente. Levanta algumas hipóteses sobre o relacionamento do sonhador com as mulheres e analisa o fato dele ser sentenciado à morte. Comenta que certamente o sonhador precisaria de uma indicação terapêutica, antes de ser capaz de entender o quanto é estranho o não sentir culpa ao matar as mulheres no sonho e que deve ser considerado culpado por outra pessoa, um juiz talvez, que ele nem sequer conhece. Do ponto de vista existencial de Boss, o sonhador, cedo ou tarde, reconheceria que a redução de seu existir a um padrão único de comportamento o deixa existencialmente em dívida com a totalidade de suas próprias possibilidades de viver que constituem a sua existência. Se uma pessoa se desfaz de tudo que lhe oferece o existir, priva-se de estabelecer relações possíveis com tudo isto, o que significa matar, também, uma parte de si própria.

Para Boss, há uma relação com o que se chama de culpa existencial ou culpa ontológica.

"A culpa é, portanto, parte inerente da existência humana; ela jamais pode ser exterminada, seja pela psicanálise freudiana, seja pela psicologia analítica de Jung, seja pela Daseinsanálise." (Boss, 1979: 65)

A abordagem da análise existencial oferece uma visão de todas as outras variedades de sonhos de culpa que ocorrem em seres humanos neuróticos ou sadios, ainda que estas pessoas se mantenham totalmente inconscientes daquilo de que sentem culpa, ou são acusadas de fazer, durante o sonhar.

Para o autor existencialista, o significado de todos os tipos de sonhos de culpa poderão ser entendidos à luz de seu padrão desperto da existência. Segundo ele, os pacientes podem perceber que a culpa que experimentam ao sonhar – seja ela revelada em sonhos por intermédio de uma pessoa específica, uma tarefa concreta ou algo ainda vago – acha-se baseada na culpa mais fundamental, existencial, de toda humanidade.

Uma redução neurótica pseudomoralista poderá também ocasionar sonhos de culpa neuróticos que necessitam ser trabalhados em uma psicoterapia. O importante é que o paciente aprenda a viver de forma verdadeiramente humana.

O exemplo que se traz, retirado, entre outros, de experiência clínica, mostra claramente a necessidade da paciente de, em reconhecendo sua culpa, encontrar formas de redimi-la.

Paciente Juliana

Apresentação e dados sobre a paciente

A paciente Juliana tem trinta e quatro anos de idade. Nível intelectual médio, formação superior. Perdeu uma das irmãs com doença grave e ficou traumatizada com esta perda. A família uniu-se ainda mais após o falecimento da irmã.

Embora bem arrumada na aparência, apresentava uma tristeza profunda.

Procurou a psicoterapia da linha da Logoterapia porque não conseguira melhora com outro tratamento psicoterapêutico de base psicossomática.

Tinha dores de cabeça fortes e freqüentes, na linha da enxaqueca, acidez estomacal e dores na coluna.

Sentia-se confusa, não realizada no trabalho administrativo, não conseguia levar adiante um relacionamento afetivo com rapazes, não encontrava sentido da vida e desejava muito sentir-se em condições de formar sua própria família.

No decorrer da psicoterapia, por meio de um sonho, revelou-se o grande sentimento de culpa por ter praticado um aborto, a sós, sem o conhecimento do namorado de quem não teve mais notícias e que nunca ficou sabendo da gravidez.

O problema psicológico central era o sentimento de culpa pelo aborto realizado. A paciente poderia ser classificada como alguém portadora de neurose noogênica com sintomas psicossomáticos, circundada e agravada pelo sentimento de culpa.

Estes sonhos sobre o aborto fazem parte de uma seqüência de quatro. Foram selecionados dois por trazerem a problemática mais claramente.

Relato do sonho nº 1

Paciente: Eu estava num lugar não identificado e vi um tio meu. Eu vi este tio deitado com sua primeira mulher, da qual ele está separado. Com eles também estava deitada uma criança. Na realidade, meu tio se separou da primeira mulher porque, como ele era estéril, ela não quis manter o casamento. A casa era diferente. Ao lado do quarto deles havia um quarto de criança. Era todo cor-de-rosa. Provavelmente pertencia a uma menina. Porém, no quarto havia duas camas e eles só tinham um bebê.

Análise do sonho nº 1

Paciente: Interessante, o tio não podia ter filhos e no sonho tinham uma menina e eu fico me perguntando se seria uma menina ou um menino o filho que abortei.

Terapeuta: Já temos tratado em nossas consultas a questão do teu aborto. Porém, ela continua presente no teu inconsciente. Eu te pergunto: faria diferença se fosse menino ou menina?

Paciente: É, não consigo esquecer, mas já me sinto melhor. Já não tenho dores de cabeça com a mesma freqüência com que eu as tinha antes. Porém não esqueço. Perguntei-me se era menino ou menina? Tu me perguntas se faz diferença. No fundo, no fundo, não faz diferença. Eu queria o meu filho. Mas menina lembra a boneca, e é algo que motiva mais a mulher.

Terapeuta: Tu viste dois bercinhos, por quê?

Paciente: Poderiam ser de gêmeos. Ou, uma caminha poderia ser da filha deles e outra do meu filho.

Terapeuta: Disseste que o teu tio era estéril, não é?

Paciente: É. Mas ele adotou um filho.

Terapeuta: O tio era estéril, mas resolveu o problema dele adotando um filho. E tu como podes resolver o teu problema?

Paciente: Adotar um filho? Não sei.

Terapeuta: Há outra solução?

Paciente: Sim, seria ter um filho.

Terapeuta: Como podes ter um filho?

Paciente: Ter um filho sozinha não dá; sem pai, é impossível. Para ser mãe solteira é preciso ter muita estrutura e eu não tenho.

Terapeuta: Então?

Paciente: Primeiro tenho que resolver meus problemas afetivos e casar, ou sei eu...

Terapeuta: Concordo contigo. Os teus problemas afetivos estão se resolvendo. Porém há algo que atrapalha a tua relação afetiva com os namorados que surgem.

Paciente: É; este aborto está sempre presente. E eu quero tanto ter um filho.

Terapeuta: Já externaste a culpa. Temos trabalhado sobre isto. Agora como poderás resgatar esta situação?

Paciente: Ficando em boas condições emocionais. Permitir-me um bom relacionamento afetivo para um dia ter um filho.

Terapeuta: Sim, tudo que fizeres por ti agora para teres condições emocionais favoráveis para ser mãe um dia é importante. Há alguma coisa a ser contestada. Deverás resgatar a culpa ao invés de deixá-la te atormentar. Este resgate em parte é da tua própria pessoa.

Paciente: Também ter um filho mais tarde, depois de resolver este problema da culpa.

Terapeuta: Sim, sem mais sentir a culpa desta maneira e sonhar com um lar. Este sonho é justo e saudável. A expectativa de ser mãe no futuro é um resgate do teu passado.

Paciente: É tudo o que eu quero: resgatar a culpa e meu passado.

Relato do sonho nº 2

Paciente: Sonhei com uma criança pequena de quatro ou cinco anos. Estava deitada, falando e se mexendo. No meio do lugar que ela estava eu vi uma perna de carneiro e vários pedaços de carne. Alguém tentava mexer e tirar isto aí.

Análise do sonho nº 2

Terapeuta: O que significa este sonho para ti?

Paciente: Estou pensando, carne de animal com gente viva no meio... não sei... acho que é sadismo.

Terapeuta: Sadismo? O que tem a ver contigo?

Paciente: Ficar mexendo em coisas que me machucam.

Terapeuta: E o que te machuca?

Paciente: É a culpa que eu tenho em relação ao aborto. A criança viva tentando se mexer no meio da carne. Pensei assim que seria o meu filho tentando se mexer para sair do meio da carne. Porém ele estava grande!

Terapeuta: Por que o viste grande?

Paciente: Porque já passou um tempo. Se fosse agora estaria grande. Estaria fazendo um ano.

Terapeuta: Como te sentes a propósito disto?

Paciente: Agora melhor. Depois que tratamos na psicoterapia. Fiz também uma confissão com um padre que me disse que em espírito meu filho está vivo. Assim me sinto menos culpada pela morte dele. Acho que no sonho ele está tentando sair do meio da carne.

Terapeuta: E dentro de ti, como está este filho?

Paciente: Já admito ele vivo em espírito e penso numa nova gravidez, num novo filho no futuro.

Terapeuta: Realmente já te sentes melhor. Conseguiste resgatar a culpa através da psicoterapia e através da confissão e da nova forma de ver teu filho. O resgate de tua pessoa também está se realizando. Há em ti uma nova relação interior com este filho que tem uma nova imagem no teu inconsciente. Também é importante o poder admitir a gestação de um outro filho em uma nova relação afetiva. Deves ser mãe, pois é tua vocação.

Comentário:

Antes dos sonhos a paciente nunca havia mencionado o aborto nem comentado seu sentimento de culpa. Destacamos que não se tratou apenas de remover sintomas nem de considerar a culpa como algo sem fundamento, mas, sim, de resolver o problema em termos existenciais de reconhecimento da culpa e resgate dela.

A paciente, após esta fase do tratamento, sentiu-se melhor, não apresentou mais os sintomas psicossomáticos. Concomitantemente, reorientou sua vida mudando de profissão, ao ingressar no curso de Direito, em busca da realização de um sentido profissional, já que também o tratamento oferecera a ela uma oportunidade de descobrir outros sentidos para realizar.

2.5 – MORTE – ACEITAÇÃO DA SEPARAÇÃO PELA MORTE

Olhando para o passado da humanidade, encontra-se o *Homo sapiens* que cavava suas primeiras sepulturas e ali instalava seus mortos em posição sentada, tornozelos e pulsos unidos, como fetos, à espera de uma segunda vida que lhes fora prometida. Halley Alves Bessa, na obra *Morte e Suicídio* (1984), chama a atenção para o fato:

"Tudo indica que a consciência da morte que emerge no Homo sapiens é constituída pela interação de uma consciência objetiva que reconhece a mortalidade e de uma consciência subjetiva que afirma, se não a imortalidade, pelo menos uma transmortalidade... Tudo indica que o Homo sapiens é atingido pela morte como uma catástrofe irremediável, que vai trazer consigo uma ansiedade específica, a angústia ou o horror da morte, cuja presença passa a ser um problema vivo, isto é, que trabalha (pervade) a sua vida. Tudo indica igualmente, que esse homem não só recusa essa morte, mas a rejeita, transpõe e resolve no mito e na magia...

Assim, entre a visão subjetiva existe, pois, uma brecha que a morte abre até a dilaceração, e é preenchida pelos mitos e ritos da sobrevivência e que, finalmente, integram a morte..." (Morim, *apud* Bessa, 1984a: 10)

O homem primitivo apela para o mito e a magia para resolver o problema da morte; o homem materialista esbarra num fim nu, despido de toda concepção ou crença na imortalidade do espírito e o homem religioso apela para a fé. De qualquer maneira, a morte apresenta-se como algo imutável e fatal e necessariamente gera angústia no homem.

Em algumas culturas antigas e orientais enfatizava-se a compreensão da vida, na qual a morte era considerada uma parte importante do processo da vida. Na cultura ocidental, envolvida no desenvolvimento tecnológico, alteraram-se muitos costumes e no intento de escamotear o horror à morte, criou-se um formalismo de ritos funerários, às vezes envolvidos numa hipocrisia social; perdeu-se, muitas vezes, a percepção humana e o significado do adoecer, envelhecer, agonizar e morrer. O paciente terminal é expulso de casa para agonizar anônimo e isolado nas unidades de tratamento intensivo dos hospitais. Perderam-se a dignidade, a significação e a força destes momentos decisivos e irredutíveis – desumanizando-os.

Também Bessa fala de uma crescente onda de "secularização da morte", que é a niilização do morto, o fim sem maiores conseqüências e o escamoteamento ou negação de toda e qualquer transcendência.

Já considerando a transcendência e no âmbito da teologia e da fé, explica Leonardo Boff:

"A morte é uma cisão entre o modo de ser temporal e o modo de ser eterno no qual o homem entra. Pela morte o homem-alma não perde sua corporalidade. Isto lhe é essencial. Não deixa o mundo. Penetra-o de forma mais radical e universal. Não se relacionará com apenas alguns objetos, como quando perambulava no mundo dentro das coordenadas espaço-temporais, mas com a totalidade do cosmos, dos espaços e dos tempos. Morrendo, acabamos de nascer, na expressão forte de Franklin. A morte é então o **'vere dies natalis'** do homem." (Boff, 1984: 7)

A Logoterapia trabalha com a questão do sentido da vida. Segundo Frankl, o homem é remetido para si mesmo. É alguém a quem a vida interroga. Alguém que a esta tem de responder, sendo, portanto, responsável por sua vida. A responsabilidade chama a atenção para o caráter de algo único da pessoa e a irrepetibilidade da situação. Ambos são elementos constitutivos do sentido da vida humana. E nestes dois aspectos essenciais da existência manifesta-se a finitude do homem. A finitude tem de representar algo que, de qualquer forma, dê sentido à existência e não algo que lha tire. Se o homem fosse imortal poderia adiar cada uma de suas ações e realizá-las quando fosse possível num amanhã próximo ou remoto.

Portanto, a finitude e a temporalidade não são apenas uma característica essencial da vida humana, mas também constitutivas do seu sentido, pois este se fundamenta em seu caráter irreversível. A pessoa é, portanto, responsável por sua vida aqui e agora, pois é finita e só se vive uma vez. O homem deve arcar com sua finitude e conscientizar-se com o fim, tanto para si como para os seus.

Assim, pois, Frankl afirma que não é necessário separar a morte da vida, pois a morte faz parte dela.

Usando o mesmo pensamento, Exupèry afirma, com Frankl: "O que dá um sentido à vida dá um sentido à morte." (Saint-Exupèry, 1983: 150)

De um lado há a questão da própria morte e a finitude pessoal; de outro a questão da morte de pessoas a quem se ama. Não é só a consciência da própria morte e das mortes alheias que gera, neste caso, um sentimento de perda. Não se pode ter a experiência do próprio cessar, sem concebê-lo nem imaginá-lo. Mas se pode ter a experiência do cessar do outro, impropriamente chamado. Com o cessar do outro não deixa de ocorrer uma mudança em si mesmo. Esta experiência relacional é incomunicável e a perda ou desaparecimento do outro deixa marcas sensíveis na pessoa enlutada.

Ultimamente, após as obras de Elisabeth Kumble Ross e tudo que tem sido feito na área da Tanatologia, muito se tem trabalhado com as equipes de profissionais da saúde, com pacientes terminais e seus familiares e com pessoas enlutadas.

A professora Edith Long Schisler (1988), especialista em Tanatologia, ex-aluna de Elisabeth Kumble Ross, tem se dedicado ao trabalho com familiares enlutados, não só com o objetivo de consolá-los, mas de apoiá-los neste processo gradativo de aceitação da morte de um familiar, que é lento e deve passar por algumas fases. Chama a atenção para esta experiência de luto que só oportunizará a recuperação à medida que se incorpora a realidade da dor à própria vida. Lembra que, embora a morte faça terminar o relacionamento com a pessoa querida, não terminou o relacionamento por intermédio da memória, das lembranças que muitas coisas trarão dela e até dos sonhos e, talvez, de um momento de pressentimento que ela esteja junto, sem nenhuma conotação sobrenatural. Lembra que a cicatrização exige tempo. Considera importante que não se alimentem sentimentos de culpa alguma, porque nada do que fizeram seria capaz de causar a morte da pessoa querida. Lembra ainda que, no início, a dor poderá controlar a vida, mas depois haverá um ponto em que a dor, embora presente, deixará de ser determinante. Para os cristãos, salienta a importância da fé em Deus e na vida eterna e na entrega a Deus da pessoa que partiu.

A psicoterapia deve trabalhar com os conceitos e sentimentos humanos sem ultrapassar os limites da ciência, sem se comprometer com algum credo religioso, respeitando a religiosidade ou a concepção de vida do paciente. À Logoterapia, portanto, caberá ir além e ver qual o sentido do sofrimento, da vida e da morte. No caso de tratamento com pessoas que perderam seus entes queridos, tanto Dr. Frankl como Dr ª Lukas apresentam um trabalho que os afasta da hiper-reflexão da perda e valoriza os momentos felizes que tiveram na vida em comum, o sentido que puderam dar à presença e à vida daquele que partiu, a valorização dos atos pessoais de entrega ao outro e também os atos de que o outro deixou memória no legado dos valores e na sociedade. Enfim, sendo uma escola de pensamento que considera a transcendência, aponta também para o sentido último da existência.

Frankl também fala na perenidade do amor que, como diz o "Cântico dos Cânticos" de Salomão, "é maior do que a morte".

"Pensemos agora simplesmente no fato do amor. O amor, na medida que é verdadeiro, é sempre amor de pessoa para pessoa, portanto, do mesmo modo, 'de espírito para espírito'; não é o meu organismo que ama o outro, mas o 'eu' que ama o 'tu'. Por isso, e só por isso, o amor consegue sobreviver à idade – essencialmente à idade de um organismo – e à morte do ser amado." (Frankl, 1978: 143)

Com relação aos sonhos que se referem às perdas de pessoas queridas, não se encontra registro em Logoterapia e análise existencial.

Os sonhos aqui relatados mostram o sentimento de perda do cônjuge de um paciente e os momentos do processo de aceitação da morte da pessoa querida.

Paciente Minerva
Apresentação e dados sobre a paciente

Minerva tem sessenta anos de idade, um alto nível intelectual, ampla cultura literária, lingüística, histórica, pedagógica e política. Tem aparência elegante, é discreta e sóbria na maneira de ser e de se vestir, destacando-se nos meios culturais, mantendo vida social e religiosa em grupos seletos de amizade. Tem curso superior de magistério, tendo ocupado cargos importantes, tanto no ensino como na administração. Casou-se, aos quarenta anos, com um intelectual de projeção. Tendo enviuvado após alguns anos de casamento, procurou a psicoterapeuta, por estar sofrendo com a perda do marido, com quem fora muito feliz.

Resolveu seu problema durante a psicoterapia, que foi breve. Por ser uma pessoa com grande capacidade de "insight", sempre interpretou os seus sonhos de maneira sucinta e clara.

No primeiro sonho, a paciente desce uma escadaria de um restaurante. Encontra pessoas vestidas de branco ou de preto. Pergunta a alguém se o marido já chegara, tendo uma resposta negativa. Ela olha ao redor para se certificar e constata que seu marido não havia chegado.

No segundo sonho, a paciente está numa sala onde havia pessoas. Em um caixão funerário encontra-se seu marido. Depois de algum tempo as pessoas o colocam em outro caixão e o fecham. A paciente sai da sala muito triste e se prepara para ir à missa.

No último sonho, a paciente vê uma gruta branca, com muita luminosidade, em formato de igreja. Dentro só havia uma sepultura na parede, no fundo. Olhou para a sepultura e viu, na lápide, o nome de seu marido escrito de maneira muito clara, com as datas de nascimento e falecimento.

Resumo da análise dos sonhos

No primeiro sonho, a paciente ainda espera o marido que não chega. O restaurante tanto representou lugares sociais freqüentados quando vivo, como também o lugar onde as pessoas se reúnem para comer ao redor da mesa como símbolo substitutivo da reunião familiar. O sentimento frustrado de espera por alguém que não chega é um sentimento comum nas pessoas enlutadas há pouco tempo. A constatação porém que ele não chega lhe causa ansiedade.

No segundo sonho, a história já não recorre a subterfúgios simbólicos. Nesta etapa do tratamento, a paciente já havia tratado da perda do marido e seu sentimento de tristeza. Verifica-se porém um progresso nesta fase. Ela já consegue ver o seu marido no caixão. Embora enlutada, prepara-se para ir à missa, pois, sendo católica, crê na imortalidade do espírito.

No terceiro sonho, a paciente já aceita mais a sua realidade existencial frente à finitude da vida de seu marido. Consegue ver claramente a lápide com a data de seu nascimento e morte. Mas a sepultura estava numa gruta branca em forma de igreja na qual havia luminosidade. A luz representou, de um lado, a fé, e, de outro, a própria luz interior que iluminou a solução de seu problema.

Comentário:

Os sonhos revelam o processo pelo qual a paciente Minerva passou, até sentir a aceitação da morte de seu marido.

Sendo uma pessoa psicologicamente sadia e sem nunca ter perdido o sentido pessoal e profissional de sua vida, necessitou de uma psicoterapia breve para resolver a problemática afetiva. Ela concorda que estes sonhos foram decisivos para poder elaborar sua nova situação existencial como pessoa, o que deu continuidade às suas atividades como profissional, bem como poder manter de forma admirável amizades autênticas e ricas em trocas afetivas e valorativas. Como viúva, continuou a lembrar e externar seu afeto pelo marido, com a dignidade que lhe era característica.

3 – Sonhos que expressam o noodinamismo consciente-inconsciente

3.1 – Fundamentação da consciência em Logoterapia: "o órgão do sentido" e a "voz interior"

O fenômeno da consciência é, para Frankl, um fenômeno primário. Como o ser humano é uma unidade corpóreo-psico-espiritual (noética), tanto o inconsciente como a consciência radicam no espiritual. A pessoa profunda, em termos psicanalíticos, refere-se à facticidade psicofísica. A pessoa profunda, em termos analítico-existenciais ou logoterapêuticos, refere-se à existência espiritual.

"O espírito é inconsciente não só no profundo, mas também no mais alto." (Pareja Herrera, 1984b: 191)

Fenomenologicamente, Frankl conclui:

"Na verdade, também aquilo que chamamos de consciência se estende até uma profundidade inconsciente, isto é, tem suas origens num fundo inconsciente: justamente as grandes e autênticas (existencialmente autênticas) decisões na existência humana ocorrem sempre de maneira irrefletida e, portanto, inconsciente. Na sua origem, a consciência está imersa no inconsciente." (Frankl, 1992: 26)

Portanto, para Frankl, a consciência não se deriva nem do Id nem do Superego. Frankl é contra estas instâncias de Freud, denominando-as de "pseudopersonalias" que transformariam o ser humano num homúnculo. Frankl discorda também da consideração da consciência como produto da libido psíquica inconsciente, mas afirma que ela se manifesta de modo espontâneo, como imediata, intuitiva e absoluta, diversa do Superego que representaria as normas e costumes transmitidos e aceitos, inculcados às novas gerações pelos pais, mestres e modelos da sociedade. Sobre esta visão de Frankl sobre a consciência, diz Lukas:

"A consciência é uma 'inteligência pré-moral do valor', que nasce do espiritual, e que todo homem traz em si intuitivamente, o seu senso ético e que não pode ser inculcado, nem necessita, porque pertence à base existencial do homem." (Lukas, 1989: 44)

Assim, pois, comenta a autora que, se um criminoso se escusasse por não ter uma consciência bem desenvolvida, poderia ser contestado, afirmando-se que ele poderia estar com um Superego maldesenvolvido, mas que a consciência, porém, "fala", não só a ele como a todos os homens.

A consciência, portanto, não é uma lei universal, mas é uma lei moral individual que ilumina a situação concreta de uma pessoa específica.

Quanto à atuação da consciência que se dá de modo irracional, explica Frankl:

"Se nos perguntarmos agora por que a consciência necessariamente atua de maneira irracional, precisamos refletir sobre o seguinte fato: à consciência (Bewusstsein) torna-se acessível um ser que é (Seiends) à consciência moral (Gwissen[11]), ao contrário, não um ser que é, mas um ser que ainda não é, ou seja, um ser que deveria ser (Sein-Sollendes). Este ser que deveria ser não é, portanto, real, mas algo que ainda precisa tornar-se real; não é real, mas meramente possível (embora num sentido mais elevado, esta simples possibilidade representa novamente uma necessidade). Considerando então que aquilo que a consciência moral nos revela constitui algo ainda a se tornar real, que terá que ser realizado, levanta-se imediatamente a questão de que forma poderia ser realizado se não for, de alguma maneira, antecipado espiritualmente. E este antecipar-se, esta antecipação espiritual ocorre num ato de 'visão'." (Frankl, 1992: 26-27)

---

11. *N. da T. "Em alemão, Gwissen significa 'consciência' no sentido de uma faculdade de estabelecer julgamentos morais dos atos realizados" (Frankl, 1992:26).*

Assim, pois, a consciência moral revela-se como uma função intuitiva, primeiramente irracional e posteriormente racionalizável. É tarefa da consciência revelar o que é único e necessário e que precisamente não é algo genérico. Assim, a consciência é capaz de fazer sintonizar a lei moral eterna com a respectiva situação concreta de uma pessoa concreta. Sendo a existência única e individual, sempre a consciência considera o "aqui" concreto do "ser pessoal" concreto.

A tarefa da consciência é de revelar ao ser humano aquele único necessário e que é sempre exclusivo. Falando sobre a consciência, Fizzoti afirma:

"A consciência, portanto, segundo Frankl, intui um dever-ser que não é geral e sim individual, referido não só **ad situationem**, senão também **ad personam**." (Bazzi e Fizzoti, 1989: 67)

Neste caso, o homem não pode refugiar-se na escusa de um destino biológico, psicológico ou social para eximir-se de dar uma resposta. A pessoa será sempre responsável por sua própria conduta, ainda que sua liberdade pessoal esteja fortemente limitada, pois exigirá de si mesmo uma resposta a um chamado dentro de uma determinada situação de vida. É a condição humana no viver do homem que está ligada à plenitude, levando a pessoa a poder decidir até o último momento de sua vida.

Embora Frankl reconheça os condicionamentos biológicos, psicológicos e sociais, ao mesmo tempo proclama a liberdade como uma qualidade exclusivamente humana, que permite superar todos estes limites. O homem é livre porque é consciente. Para Frankl, o homem "livre de ..." e, ao mesmo tempo, é "livre para ...", pois é responsável. O homem, portanto, não só possui a "liberdade de vontade" ou livre-arbítrio, mas também manifesta a "vontade de sentido" que é concebida como uma tensão radical do homem para descobrir e realizar um sentido e um fim.

Para Frankl, a busca e a realização do sentido da vida é algo fundamental, pois quem não é consciente desse dever aceita a vida como um puro e simples fato, mas quem o conhece assume-o responsavelmente.

Frankl denominou a consciência de "órgão do sentido". A consciência é o órgão que descobre os sentidos e os revela.

A consciência, portanto, desvenda para o homem um sentido objetivo que conserva e aumenta os valores no mundo, que não se confunde com um sentido subjetivo a serviço da satisfação das próprias necessidades. Lukas chama a atenção para o perigo de se limitar decisões da consciência à percepção, somente quando manifesta sentido subjetivamente.

A consciência, portanto, é um guia para a pessoa humana. Esta tanto pode ser guiada por ela como também derivada. Sempre é uma consciência humana. Converte-se num ponto central e manifesta-se como uma intencionalidade para valores que o homem conhece e escolhe. É livre para escolher.

A propósito desta concepção, comenta Fizzoti:

"Frankl efetua uma verdadeira revolução copérnica, ao sustentar que o significado descoberto pela consciência é **unicum**, mas também **necessarium**, é trans-subjetivo."
(Bazzi e Fizzoti, 1989: 68)

Isto significa que há por trás da consciência uma dimensão totalmente transcendente.

Portanto, sua origem é transcendente, pertinente a uma região extra-humana, que considera o homem na sua condição de criatura. Neste caso, psicologicamente, a consciência é um aspecto imanente de um fenômeno transcendental, que vai além desta imanência psicológica, precisamente porque transcende este plano.

3.2 – A voz da consciência

Frankl trata a consciência sob o ângulo da transcendentalidade. Lembra a etimologia de pessoa que se liga no grego e, mais tarde, no latim, aos conceitos de "soar antes" ou "soar além", retumbar. Aplicado à voz da consciência, isso significa para Frankl que a pessoa humana, **persona**, remonta a uma instância extra-humana. Passa do plano psicológico para o plano ontológico. Responde, assim, sobre a questão da origem da consciência, afirmando:

> "Equivocamo-nos, pois, em nosso modo de nos expressar quando falamos de uma voz da consciência? A consciência não poderia 'ter voz', já que ela mesma 'é' a voz: voz da transcendência." (Frankl, 1979b: 58-59)

Conclui-se, pois, que, através da consciência da pessoa humana, um agente trans-humano fala, emerge. Frankl diz que não está ao nosso alcance responder à questão se este "agente" é antropológico em vez de teológico. Mas que, apesar disso, esse agente trans-humano deve ser necessariamente de natureza pessoal.

O fenômeno da consciência não se reduz simplesmente à facticidade psicológica, mas em sua transcendentalidade essencial. A voz da consciência estabelece um diálogo que não se reduz a um monólogo. Para Frankl, a consciência é a voz da transcendência.

Frankl usa o exemplo de Samuel para explicar no homem religioso a clareza deste diálogo transcendente:

> "Quando Samuel era menino, ele passou uma noite no templo com o sumo sacerdote Eli. Uma voz que o chamava pelo nome o acordou. Ele se levantou e perguntou a Eli o que este queria; porém, o sumo sacerdote não o tinha chamado e o mandou dormir novamente. Outra vez deu-se a mesma coisa e somente ao suceder pela terceira vez é que o sumo sacerdote disse ao menino que, da próxima vez que ele ouvisse seu nome chamado, ele deveria levantar-se e dizer: 'Fala, Senhor, que teu servo te ouve'." (Frankl, 1979b: 61)

O homem irreligioso é aquele que aceita sua consciência dentro da facticidade psicológica desta, detendo-se no mero imanente e parando antes do tempo. Ele considera a consciência como uma coisa última, mas ela não o é, diz Frankl; não é uma "ultimidade" e, sim, uma "penultimidade".

Frankl pergunta algo sobre esta questão e esclarece:

"Fazendo-se uma análise fenomenológica conclui-se que este 'algo' resulta em 'alguém', uma instância que possui uma estrutura tipicamente pessoal; a mais pessoal que possa se imaginar, pois – **consciente ou inconscientemente** – por trás da consciência está Deus, ainda que de um modo e outro invisível, um testemunho e um espectador invisível." (Frankl, 1979b: 115)

Assim, pois, é comentado no livro da autora do presente trabalho *A Psicologia do Sentido da Vida* (1986):

"A análise existencial de Frankl ultrapassa a experiência pessoal, faz investigação científica sobre a transcendentalidade da consciência acerca do espírito e de Deus e descobre um Deus escondido no mais profundo de nós. É o **Deus Oculto** que o salmista cantou, o **Deus Inconsciente**, como Frankl o chamou." (Xausa, 1986: 204)

A consciência ética na prática da psicoterapia e revelada pelos sonhos.

Frankl afirma que, em psicoterapia, deve-se, a qualquer momento, trazer tudo à consciência. Mas isto apenas temporariamente. Segundo Frankl, o psicoterapeuta deve tornar algo inconsciente também espiritualmente inconsciente, para fazê-lo voltar a ser inconsciente.

"Sua tarefa é transformar uma 'potentia' (potencialidade) inconsciente num 'actus' (ato) consciente, com o único objetivo, porém, de reconstituir novamente um 'habitus' (hábito, característica) inconsciente." (Frankl, 1992: 30)

Desta forma, estabelecer-se-á, pela psicoterapia, uma dinâmica inconsciente-consciente que, incluindo os aspectos espirituais ou noéticos, se transforma numa noodinâmica, a serviço da saúde do paciente. Numerosas doenças psíquicas poderão ter origem em remorsos de consciência por esta não estar em harmonia, impedindo o homem de encontrar a paz. Lukas esclarece bem quando diz:

> "A consciência orienta-se para o sentido da situação, o Superego para as leis previstas e transmitidas. Sobre isto Viktor Frankl sugeriu a atraente tese de que certas rupturas da tradição na história da humanidade poderiam ser atribuídas à diferença crescente entre o Superego e a consciência pessoal." (Lukas, 1989: 45)

Um exemplo disto se encontra na escravatura e na defesa da pátria, normas do Superego. A primeira, embora amaldiçoada pela população, correspondia a uma norma aprovada, enquanto que na consciência pessoal de muitos homens permaneceu um remorso subliminar e ativo que, um dia, saturou-se e encontrou expressão na abolição da escravatura. A segunda, tão enraizada no gênero humano, encontra sua raiz no reino animal – a defesa do território. Diante das novas armas atômicas, a consciência entra em conflito com o Superego. A luta, num processo decisório, indica que alguém está em diálogo com sua consciência.

Yoder, por meio do uso do diálogo socrático no aconselhamento logoterapêutico, traz o relato de uma paciente com graves problemas mentais e que necessitava cuidar de seu pai com câncer:

Psicoterapeuta: Não vejo nenhuma implicação de culpa ao tomar conta de seu pai. Ouço o positivo que você transmite "escolhi fazer isto e escolhi fazê-lo amorosamente".

Paciente: Realmente me sinto assim. Fiz um bom trabalho em relação à culpa, aprendi através de dois colapsos nervosos; ninguém me ajudou a entender; acho que o principal foi a culpa. Vejo as raízes disso e aprendi muito, de modo que ultimamente tenho estado saudável – peguei este relógio interno, sabe, monitor interno.

Psicoterapeuta: Você não poderia ir contra sua verdade interior. Quando alguém vai contra sua verdade interior, acaba diminuído. Você disse: 'Cheguei ao ponto de ter que dizer não; tinha que ser honesta comigo mesma'.

Paciente: Existem coisas que não posso fazer, sabe? E eu não as faço.

Psicoterapeuta: O que é isto maravilhoso que você chama de monitor interno?

Paciente: Não sei o que é. Não entendo a base real disso. Se é algo intrínseco ou se é um treinamento da primeira infância. Realmente, não sei o que é. É algo para investigar.

Psicoterapeuta: É um tipo de consciência, não?

Paciente: É, sim, é.

Psicoterapeuta: Você levantou a questão: 'Posso ser silenciosa e ouvir a mim mesma; posso encontrar um guia que me mostre o caminho?'.

Paciente: Sinto assim e tento fazer algo que possa funcionar. Para falar a verdade, tenho mais princípios do que a maioria dos cristãos, mas só faço algo com o que possa conviver." (Yoder, 1985: 101-102)

Fabry afirma que uma das conseqüências práticas sobre o descobrimento de uma autêntica consciência humana é o nosso dever de escutar. O comportamento humano, assim, será a atuação pessoal se estiver de acordo com as decisões de consciência e não quando se deixa conduzir por temor, pressão ou outras motivações.

Os conflitos de consciência podem ocasionar várias conseqüências e, em particular, dar origem a neuroses noogênicas.

O logoterapeuta também procurará ajudar os pacientes a tomarem consciência de seus conflitos espirituais reprimidos e de seus conflitos de consciência, assim como o psicanalista procura conscientizar seus pacientes sobre seus impulsos reprimidos.

A voz da consciência reprimida, muitas vezes ou não, poderá também se revelar por meio dos sonhos.

No capítulo sobre "A Interpretação Logoterapêutica dos Sonhos", de sua obra *A Busca do Significado* (1984), Joseph Fabry apresenta dois exemplos de sonhos sobre a consciência, descritos por Frankl no livro *A Presença Ignorada de Deus* (1992) e comenta:

> "A consciência pode utilizar os sonhos como um meio de alertar-nos sobre os perigos que não podemos prevenir durante o estado de vigília, ou para confrontar-nos com a autocrítica que não nos atrevemos a encarar conscientemente." (Fabry, 1984: 102)

O relato dos sonhos é transcrito aqui para favorecer o entendimento da ação da consciência nas formas acima citadas.

> "Uma paciente sonha que, com a roupa suja, foi enviado para a lavanderia um gato sujo, o qual foi devolvido morto no meio da roupa lavada. A doente fez as seguintes associações: quanto ao gato, lembrou que ama os gatos 'acima de tudo', porém ama também 'acima de tudo' sua filha, a única que tem. Neste contexto, 'gato' significa então 'filha'. Mas, por que o gato estaria 'sujo?' Isto foi esclarecido quando a paciente relatou que ultimamente houve muitos mexericos na vizinhança sobre a vida amorosa de sua filha e, neste sentido, realmente foi 'lavada a roupa suja'. Este também era o motivo pelo qual a paciente, conforme ela mesma admitiu, ficava constantemente espionando e espezinhando a filha. O que significaria este sonho como um todo? Constitui uma advertência para que a enferma não atormentasse a filha com a exagerada insistência quanto à sua 'pureza' (!) moral, o que poderia acabar destruindo a filha. O sonho expressa, assim, a voz da advertência da própria consciência." (Frankl, 1992: 32-33)

Frankl fez o seguinte comentário sobre o sonho:

"Não vejo nenhum motivo pelo qual ela devesse abrir mão de uma interpretação tão honesta e aberta sobre qualquer coisa que se lhe apresentasse no sonho, em deferência à idéia preconcebida, atrás da qual seus conceitos infanto-sexuais deviam estar ocultos." (Frankl, 1992: 34)

O segundo exemplo citado no livro *A Presença Ignorada de Deus* (1992) é o sonho sobre uma autocrítica reprimida.

"O paciente havia sonhado que se encontrava em outra cidade e desejava telefonar para uma certa mulher. Mas o disco do telefone era gigantesco – continha mais de cem números – e ele nunca conseguia completar a ligação. Assim que despertou, percebeu que o número que estava discando não era o da mulher, mas o de uma gravadora para a qual ele estava trabalhando atualmente, com ótima remuneração, compondo música popular. Mediante a interpretação do sonho, revelou-se que o paciente havia passado um verão muito feliz naquela cidade, compondo música religiosa, ao passo que o seu trabalho atual, embora bem-sucedido, não lhe trazia nenhuma satisfação interior. Na realidade, ele não tinha saudades dessa mulher, com quem jamais tivera relações íntimas. Espontaneamente, declarou que o disco gigantesco significava a preocupação que tinha em escolher (para compreender o simbolismo do sonho, precisamos esclarecer que, em alemão, a palavra **wählen** é usada tanto para 'escolher' como para 'discar'). Portanto, qual era a escolha do paciente? Ele não estava se referindo a um número para discar, mas a uma vocação para escolher – especificamente, escolher entre manter um trabalho lucrativo, porém insatisfatório, compondo sucessos populares, ou dedicar-se à música religiosa. Subitamente, o significado essencial do sonho tornou-se evidente: o paciente estava lutando em vão para ser novamente 'ligado' e expressava seu desejo de encontrar o caminho de volta à sua verdadeira vocação artística e religiosa. Substituindo a 'nova ligação' por religião, basta traduzi-la ao seu equivalente latino **religio**[12], ou religião." (Frankl, 1992: 33-34)

Frankl comenta que este sonho, assim como o anterior, não representa uma advertência, mas expressa uma auto-reprovação.

"Em ambos os casos, contudo, o sonho é uma manifestação da consciência – no segundo caso não é só a consciência moral, mas também a consciência artística; contudo, os dois são expressão da consciência espiritual." (Frankl, 1992: 34)

Os sonhos que seguem manifestam a consciência ética pela história deles, acrescidos dos comentários e interpretações feitas pelos pacientes.

No caso do paciente Camilo, vê-se que tem dúvidas antes da tomada de decisão, mas resiste às pressões externas e segue sua consciência, o que contribuiu para uma sensação de paz. A consciência manifestou-se como uma antecipação, impedindo que ele tomasse uma atitude anti-ética e ratificando sua decisão pessoal.

No caso da paciente Ana Luiza, deixa-se de comentar na introdução a questão religiosa, com o objetivo de desenvolvê-lo posteriormente, para encontrar as manifestações de sua consciência. Em primeiro lugar, no sonho, a ênfase foi colocada no amor incondicional de Deus que, segundo expressão da própria paciente, redime seu passado de culpas. Ora, a redenção da culpa é uma exigência da própria consciência. Neste caso, a paciente só aceitou a si mesma após ter descoberto que, apesar dos erros e culpas que carregava, era capaz de se libertar deles e se redimir, tornando-se capaz de ser amada e de forma abarcadora, incondicional.

Além de o sonho cumprir com uma função existencial e terapêutica, foi propulsionador de um diálogo com a psicoterapeuta, no qual a paciente tomou consciência do valor da consciência em sua vida.

---

12. *"Ligação" significa também re-ligação, que no sentido etimológico corresponde à palavra **religio**, ou seja, "religião".*

No diálogo subseqüente ao sonho, a paciente expressa conceitos sobre a consciência tão precisos e tão ricos, como se tem exposto filosófica e psicologicamente à luz da Logoterapia. O importante é que esta verdade descoberta pela paciente emergiu espontaneamente, de um lado, simbolicamente no sonho e, de outro, mais especificamente, no diálogo com a psicoterapeuta.

Ana Luiza é uma confirmação viva de quanto o homem pode resgatar o seu passado, seguindo a voz de sua consciência.

Esta é uma das maiores riquezas da Logoterapia: proporcionar ao terapeuta uma segurança conceitual fundamentada não só psicológica, mas ontologicamente. Este, por sua vez, poderá oportunizar aos pacientes uma descoberta mais plena de sua consciência, com uma libertação de tabus introjetados por teorias com bases instintivas ou superegóicas, para conseguirem uma coerência ética da vida com a voz da consciência, a fim de alcançar a verdade interior e obter a paz.

Paciente Camilo
Apresentação e dados sobre o paciente

Camilo, jovem empresário de trinta e seis anos, é engenheiro e trabalha numa firma. É noivo e pretende casar-se logo. Mora numa cidade próxima. Muito educado, inteligente e sensível, deixa transparecer uma boa formação moral em seus atos.

Procurou a psicoterapia na linha da Logoterapia com o objetivo de resolver problemas relativos ao exercício da profissão e emocionais relacionados com uma relação amorosa com outra moça, anterior a seu noivado.

Durante o tratamento manifestou, por meio de suas atitudes, uma orientação ética segura. Criticava o fato de as empresas colocarem o lucro acima das necessidades humanas. De um lado, procura ser um empresário eficiente, buscando o crescimento de sua empresa, e, de outro, procura aplicar os valores humanísticos, tanto na sua vida pessoal como profissional. Isto não tem sido fácil, pois não raras vezes se encontrou em situação conflitiva.

Em outros sonhos teve manifestações da consciência ética, porém foi escolhido o sonho que segue por trazer de forma mais evidente a situação social que ele sempre criticou. O sonho foi uma confirmação da decisão de sua consciência.

Relato do sonho

Paciente: Sonhei que estava passando um fim de semana em Porto Alegre com minha noiva. Andamos de carro e fomos almoçar num restaurante. Tomei chope e fiquei alto. Fui buscar o carro numa estação do corredor de ônibus próxima à rua Ramiro Barcelos. Eu não conseguia encontrar o carro e esperei numa fila para falar com o guarda que não estava no momento. Quando ele chegou queria multar-me porque havia bebido e não deveria ter estacionado naquele lugar. Ele queria suborno e fui com ele até o lugar onde eu pudesse dar o dinheiro. Neste lugar eu encontrei um conhecido e fiquei conversando. Depois entrei no banheiro para tirar o dinheiro da carteira, sem que ninguém visse. Ele queria R$ 600,00. Dei-lhe R$ 800,00 (esta foi a quantia que os inspetores queriam que eu pagasse para engavetar o meu processo). Ele ficou contente e voltou conversando sobre a situação da polícia. Depois eu me dei conta de que eu havia pagado por algo que efetivamente não tinha feito. Quando voltei ao lugar onde devia estar minha noiva, ela não estava mais. Fiquei muito chocado por tê-la deixado esperando por um motivo tão bobo.

Comentário sobre o sonho e análise feita pelo paciente

Paciente: Acho que este sonho tem a ver com um problema do atropelamento de uma menina e do processo contra mim decorrente dele. O processo é uma decorrência jurídica. O escrivão quando falava comigo insinuou várias vezes alguma coisa. Deduzi que queria pagamento. Aí tive este sonho. Nele estou subornando uma pessoa para não fazer algo contra mim e eu não sou culpado deste algo. O advogado me disse que pagam os processos antes de deixá-los prescrever. Não deixam os processos irem adiante. Deixam perdidos lá intencionalmente, por algum tempo, e não acontece nada. Aí prescrevem. Eu cheguei a uma conclusão: Não pagarei suborno. Usarei somente os métodos jurídicos dos quais disponho.

Análise do sonho

Terapeuta: Pelo que disseste até agora, já fizeste a relação do sonho com uma situação de tua vida. Foi com relação ao acidente e o processo decorrente dele.

Paciente: Sim, está claro.

Terapeuta: Também vejo que tomaste uma decisão pessoal.

Paciente: Sim, deixarei correr o processo normalmente sem dar gorjetas a ninguém.

Terapeuta: Revendo a história do sonho, tu tiveste dúvida e deste a gorjeta e depois te deste conta de que não tinhas culpa. Como é isto?

Paciente: Realmente, tive dúvidas antes de tomar a decisão, não sobre a gorjeta, mas sobre o meu grau de responsabilidade no acidente. E isto no início me questionou. Também, mesmo depois de ficar claro para mim que eu não tinha responsabilidade pelo que aconteceu, que foi um azar, um fato imprevisível, fui pressionado pelo advogado e pelo escrivão a dar gorjetas. Tinham me oferecido para sumir o processo. Eles tinham pedido R$ 600,00 e era a mesma quantia da gorjeta do sonho.

Terapeuta: Então, o que teu sonho mostra?

Paciente: Embora no sonho tenha dado a gorjeta, eu me senti mal porque não era culpado. Foi bom sonhar porque assim reafirmo minha inocência e fortifico minha decisão consciente de não dar gorjeta alguma porque isto me faria mal.

Terapeuta: O que podes fazer então neste caso?

Paciente: Escolher um bom advogado e deixar o processo correr normalmente.

Terapeuta: Por que tua noiva apareceu no sonho?

Paciente: É que, quando aconteceu o acidente, eu estava indo para a casa dela. Às vezes ela reclamava do meu atraso. Mas naquele dia não estava atrasado e nem corri por causa da cerração.

Terapeuta: Como tu te sentes perante à menina acidentada, independentemente da solução jurídica do caso?

Paciente: Não tenho problema nenhum com ela. Fiquei muito chateado por ela ter se machucado, a senhora se lembra, não é? Mas como eu assumi todo o tratamento dela e como agora ela está curada, estou tranqüilo. O bom é que ficamos amigos.

Terapeuta: Qual a mensagem que te dá este sonho?

Paciente: Que eu devo seguir a minha consciência em qualquer situação da vida.

Terapeuta: Muito bem, Camilo. Tu tens uma formação ética segura, sempre observei isto. É muito importante seguir a consciência. Continue assim.

Comentário:

O sonho reflete o conflito e o processo pelo qual passou o paciente, de um lado na vida real pressionado a fazer algo que não concordava: pagar subornos, e, de outro, no conteúdo do sonho ao dar uma gorjeta indevida.

No sonho, o paciente revela sentir-se mal ao dar gorjeta porque não era culpado. Este sonho foi um aviso da própria consciência que, num "insight", lhe indicou a atitude a tomar. O sonho também serviu para reforçar sua opção livre por um valor ético. É o próprio paciente quem afirma: "devo seguir minha consciência em qualquer situação da vida". É o que Frankl chama de sonho antecipatório a uma decisão final.

Paciente Ana Luiza
Apresentação e dados sobre a paciente

A paciente Ana Luiza, trinta e quatro anos, uma jovem senhora bonita e bem-arrumada, é viúva e mãe de três meninos – um de doze anos e gêmeos de oito. No momento em que procurou o tratamento estava morando com seus pais e com os filhos. Seu nível intelectual é alto, tem linguagem fluente e sabe expressar seus sentimentos. Não consegue emprego fixo e ganha a vida como massagista, indo nas residências de suas clientes. Embora não tenha feito o 2º grau completo, ganha o suficiente para sustentar seus filhos. Teve uma vida muito trágica e manifestava uma grande carência de afeto. Vivia em conflito com os pais, mas financeiramente dependia deles. Sofreu tentativas de abuso sexual por parte do pai e a rejeição contínua da mãe por palavras e atitudes, a quem nunca contou nada sobre o comportamento do pai. Casou-se muito jovem com um homem de trabalho incerto e foi com ele morar em outra cidade. Este homem tinha características psicóticas e a fazia sofrer muito. O desfecho de seu casamento deu-se com o suicídio de seu marido presenciado por ela e pelo filho mais velho. Voltou para a casa dos pais e teve várias ligações amorosas com outros homens, incluindo um jovem de vinte anos a quem dedicou muito amor. Queria encobrir com estas várias ligações o vazio afetivo que produzia a grande solidão que sempre sentiu.

Ao chegar a Porto Alegre foi acolhida em sua paróquia e integrada em um trabalho paroquial. Foi também levada a uma comunidade católica que passou a freqüentar. Compareceu ao consultório após sua conversão religiosa. Apresentou um certo grau de confusão com seus sentimentos, muitos e freqüentes problemas de relacionamento com seus pais e sobretudo muito traumatizada com a tragédia ocorrida em sua vida. Após sua conversão encontrou sentido em sua vida e realizou um trabalho na paróquia, com muito entusiasmo. Já tinha feito tratamento de psicoterapia psicanalítica e relatou não ter conseguido resolver seu problema emocional nem divisar um sentido de vida.

O sonho relatado e o diálogo que o segue deu-se no início de uma fase frutuosa de tratamento.

Relato do sonho

Paciente: Sonhei que eu estava me sentindo muito só. Estava sentada em um lugar pensando sobre isto. Não tinha ninguém para conversar nem para desabafar. Enquanto eu pensava, Cristo apareceu sentado na minha frente e me estendeu a mão; segurei sua mão e me senti muito segura. Então comecei a conversar com Ele e disse-lhe que eu queria não ter que sentir esta necessidade de ter que buscar um homem que me amasse, que Ele me tirasse essa necessidade. Eu queria me dedicar só a Ele. E Cristo me disse que se eu quisesse eu poderia me dedicar só a Ele. Mas que se realmente quisesse isto eu teria que resolver muitas coisas, que fosse qual fosse minha resolução Ele estaria sempre ao meu lado para me ajudar. E eu me senti muito feliz.

Análise do sonho

Terapeuta: Como interpretas, dentro da tua realidade, a mensagem principal deste sonho?

Paciente: Que eu tenho condição de viver sozinha. Que minha carência de companheiro pode ser resolvida com a ajuda de Deus.

Terapeuta: E como denominas Deus?

Paciente: É Cristo. Como me impressiono com a sua ajuda, mas antes lutava em aceitar.

Terapeuta: Lutavas por quê?

Paciente: É que antes eu estava muito apegada ao amor humano e não entendia o amor de Deus.

Terapeuta: E podes sentir estes dois amores?

Paciente: Sim.

Terapeuta: Se podes ter os dois amores, eles não se excluem? O que achas?

Paciente: Não.

Terapeuta: Gostaria que me explicasses.

Paciente: É que agora que me converti estou descobrindo o amor de Deus. Isto é muito importante para mim. Não excluo o amor humano, mas no momento estou vivendo o amor de Deus. Tens uma Bíblia aí?

Terapeuta: Não. Não tenho porque não pretendo confundir psicoterapia e religião. Porém é permitido na Logoterapia falarmos sobre assuntos religiosos que o paciente traz e ajudá-lo a integrar sadiamente a religião em sua vida. Por que queres a Bíblia?

Paciente: Eu queria te mostrar a passagem de Oséias e queria conferi-la. Começa assim: - "Eu te desposarei...". No livro Oséias, que trata do casamento de Oséias, no capítulo 2 fala sobre o amor à esposa infiel: 16. "Aí ela se tornará como no tempo de sua juventude..."/ 21. "Desposar-te-ei para sempre conforme o direito e a justiça, com benevolência e ternura."/ 22. "Desposar-te-ei com fidelidade e conhecerás o Senhor." (Bíblia Sagrada, Oséias, 1987: 1213)

Terapeuta: Conheço esta passagem. Por que a trazes agora?

Paciente: Eu estava muito triste com a minha solidão. Aí eu abri a Bíblia e encontrei esta passagem. Isto me fez muito bem. Fiquei feliz. Sim, feliz.

Terapeuta: Por que esta passagem te fez feliz?

Paciente: Porque é uma resposta clara ao que estava pensando. Há outro amor que é o de Deus. E com ele eu não me sinto rejeitada.

Terapeuta: Se não te sentes mais rejeitada e achas que Cristo supre o teu amor, como podes realizar tua vida? Embora o amor de Cristo e o amor humano sejam diferentes, como já vimos.

Paciente: Eu preciso colocar tudo isto dentro de um sentido de minha vida, onde o meu passado de culpas é visto sob outro ângulo. Só há um amor incondicional que é o amor de Deus. E é isto que busco.

Terapeuta: Eu te compreendo, pois redimir tuas culpas é muito importante para ti e encontrar um amor para realizar-te também. Mas podes amar a Deus e amar pessoas, realizar-te com pessoas, solucionar as questões com a família, etc.

Paciente: Eu penso diferente de minha família. Especialmente em questão de religião, moral, educação e dinheiro. Eles só ligam para as aparências e eu quero ir às coisas essenciais.

(A partir deste momento a paciente seguiu falando e expressando muita riqueza interior, por isso deu-se continuidade ao diálogo subseqüente à análise do sonho, que foi muito significativo.)

Terapeuta: Como chegar às coisas essenciais?

Paciente: Se a gente acredita que há uma consciência em nós, o valor está em segui-la.

Terapeuta: Que é esta consciência e que significa "está em nós"? Como sentes?

Paciente: É que antes eu andava brigando com Deus por causa de minhas histórias amorosas, mas acho que existe uma "verdade interior" que nos encaminha. A consciência é esta verdade interior que nos encaminha.

Terapeuta: E como descobres esta verdade interior?

Paciente: Tudo está em estar disponível para escutar a consciência e não se deixar atrapalhar por coisas sem importância.

Terapeuta: Como aconteceu isto?

Paciente: Ou eu entendo o que ela me mostra no meu sonho ou sigo diretamente a consciência.

Terapeuta: Com relação aos sonhos já vimos, mas agora podes exemplificar em que momento seguiste diretamente a tua consciência?

Paciente: Sim, na ida para minha cidade.

Terapeuta: Foi a consciência ou a razão?

Paciente: Os dados de meu raciocínio são dados reais. Mas eu sinto não só uma razão real para seguir a consciência, mas também uma vontade. Esta vontade e este sentir me encaminham para alguma coisa. Minha consciência, naquela ocasião, não me deixou ficar em Porto Alegre... é isto.

Terapeuta: Há outro momento na tua vida para me mostrares a manifestação de tua consciência?

Paciente: Sim, na história do Gilberto. Ela (a consciência) já tinha gritado, mas eu não a ouvia.

Terapeuta: Dizes "gritou" e "falou". Como assim? Reconheces algo como uma voz?

Paciente: Não sei bem. Mas sinto como uma voz interior.

Terapeuta: Como explicas isto?

Paciente: Às vezes a gente confunde o que se quer racionalizado com o que a gente sente. Outras vezes fica-se pensando e matutando e não vem a solução. Com prós e contras eu me enredo, então paro e ao ficar parada eu sinto algo e a solução vem prontinha. Então digo para mim: "É isto aqui! Tu não enxergas?". Entretanto, muitas vezes a gente vai contra ao que descobriu. Mas tem esta voz que fala, continuamente, mesmo abafada. Não há como errar. Ah! Isto é que é o fantástico da vida! Então é só ser coerente.

Terapeuta: E como vês esta coerência?

Paciente: Esta coerência interior com a verdade é o que sempre busquei. Agora compreendo como me perdi no caminho interior.

(Nota: A terapeuta não interrompe a reflexão da paciente para não prejudicar sua espontaneidade e a riqueza do conteúdo.)

Interessante é que eu antes buscava a liberdade de outra forma, quando saí de casa eu achava que minhas colegas tinham razão, que eu deveria protestar e no protesto eu não me senti livre. Eu me recordo, quando li uma vez sobre Santa Catarina de Sena (não sei bem se é ela) que afirmava num êxtase místico o seguinte: "Quero somente realizar a Tua vontade, Senhor. Eu não tenho mais vontade porque a minha liberdade está em dispor dela integralmente..." Mais ou menos isto. Eu antes ficava apavorada, pois entendia como anulação da liberdade. Agora entendo como a mais alta disposição da liberdade. Como descobri minha verdade interior, caminho para a liberdade. Isto é o fantástico da Logoterapia, pois faz descobrir esta realidade interior. As outras terapias ficam tratando as coisas em um nível superficial e eu não conseguia descobrir a grandeza interior antes.

Terapeuta: É isto mesmo, Ana Luiza. É muito lindo e significativo o que dizes. Alegro-me em teres descoberto a tua grandeza interior e teres resolvido em parte o teu problema afetivo. E agora o que vais fazer?

Paciente: Ficar atenta, deixar que a consciência fale e segui-la. Viver esta grandeza interior. É realmente a verdadeira vida.

Terapeuta: Parabéns, Ana Luiza. Encontraste as coisas essenciais e podes viver a verdadeira vida, realizando-a com plenitude em todas as áreas. E o sonho, o que te transmitiu?

Paciente: A segurança do amor incondicional de Deus. Assim eu poderei seguir sem medos e culpas. E se sei que sou amada por Deus, também poderei ser pelos homens.

Terapeuta: Concordo contigo. Foi muito importante para ti redimir o teu passado e descobrir as coisas essenciais. Foi toda uma reconstrução de vida e uma busca de mais plenitude.

Comentário:

A paciente Ana Luiza, em primeiro lugar, apresenta um sonho com a pessoa de Cristo que lhe resolve o problema de seu afeto e a fez feliz. Com amores incompreendidos e afetos frustrados, Ana Luiza considera a incondicionalidade do amor divino como o único que é capaz de saciar sua alma.

Frankl cita a afirmação de uma paciente que diz:

"A nostalgia de Deus, minha ânsia de penetrar no campo das forças divinas é em mim algo primário." (Frankl, 1979b: 66)

Importante ainda para os registros da logoterapia é o diálogo subseqüente à análise do sonho em que Ana Luiza afirma que para seguir as coisas essenciais deve-se seguir "a consciência que está em nós". E mais adiante afirma como na obra *De Magistro* (1987), sem ter lido o filósofo Agostinho, que existe "uma verdade interior".

E, confirmando a teoria de Frankl, conclui que "a consciência é esta verdade interior que nos encaminha". Fala sobre a necessidade de estar coerente com esta verdade expressa pela voz da consciência. O sonho leva a reflexões muito importantes e decisivas. Ela se sente aceita por Cristo de forma incondicional e chega a um resgate de seus medos, frustrações e culpas passadas, afirmando ter tido uma verdadeira reconstrução de vida.

Hernández desenvolve em seu livro *O Lugar do Sagrado na Terapia* (1986) um capítulo sobre a "Recriação da Afetividade por Jesus Cristo", no qual afirma que a identidade é um fato que transcende o meramente humano e que deve ser estabelecida em uma relação interpessoal que ocorre no âmbito da ternura. Para aqueles que crêem em Jesus Cristo e sua mensagem, sua descoberta – como alguém que solicita o amor humano em conseqüência de ter amado primeiro – será força fundamental de novas criaturas. Novas criaturas que encontraram sua dimensão oposta ao sentimento de desconfiança, menos valia, rechaço e abandono afetivo. E isto pode ter grande efeito para a saúde mental. Assim se expressa Hernández: "o reino de Deus está dentro de vós"; em outras palavras, com Jesus Cristo aparece o mundo interno; "Ele é a luz que também ilumina o inconsciente." (Hernández, 1986b: 190)

Estas reflexões surgiram e foram desencadeadas pelo sonho porque, nas consultas, seu pensamento centrava-se impreterivelmente nos problemas e angústias. O sonho e a análise tiveram uma função terapêutica de proporcionar o que em Logoterapia chamamos de distanciamento da problemática e despertar as "forças incomensuráveis do espírito". Daí o surgimento de visão tão clara, com possibilidades existenciais autotranscendentes e de ordem espiritual.

4 – Fundamentação sobre o inconsciente espiritual

4.1 – Religiosidade

O ser humano é visto na perspectiva analítico-existencial da Logoterapia como uma unidade antropológica, embora se considerem as diferentes dimensões do tipo ontológico. O homem é uma entidade bio-psico-espiritual. O espiritual refere-se ao "noos" e pode ser chamado de noético; indo mais além do religioso ou do supranatural.

"O mérito da Logoterapia foi ter integrado a terceira dimensão do homem na psicoterapia, que antes de Viktor E. Frankl tinha sido literalmente uma psicologia 'sem espírito'." (Lukas, 1989: 30)

Frankl adverte que o homem deve ser visto à luz da ontologia dimensional. O plano biológico produz fenômenos somáticos, enquanto que o plano psíquico produz fenômenos psíquicos; entretanto, algumas coisas escapam destes planos como, por exemplo, a produção artística e a experiência religiosa, que não se explicam no plano da psiquiatria. O noético ou o espiritual é só encontrado numa dimensão superior e especificamente humana.

A Logoterapia, pois, trata de superar a "psicologia sem espírito", de deixar de lado as estreitezas racionalistas da imagem do homem na psicologia, de revalorizar o homem como personalidade ético-espiritual e permitir a livre ação da "força desafiadora do espírito". A espiritualidade, tal como a psique, por sua vez, é espiritualidade inconsciente.

Frankl, ao englobar o espiritual, conclui que há também um "inconsciente espiritual". Considera que, desta maneira, está realizando uma espécie de reabilitação do inconsciente.

"... não se trata mais de um simples inconsciente instintivo, mas também de um inconsciente espiritual. O inconsciente não se compõe unicamente de elementos instintivos, mas também espirituais. Desta forma, o conteúdo do inconsciente fica consideravelmente ampliado, diferenciando-se em instintividade inconsciente e espiritualidade inconsciente." (Frankl, 1992: 18)

O inconsciente, para Frankl, contém a impulsividade e a espiritualidade.

Frankl não ataca o inconsciente de Freud; não ignora o inconsciente freudiano, mas, sim, completa seu conceito.

Freud estudou a libido reprimida atribuída ao inconsciente impulsivo. Frankl nos fala do inconsciente espiritual. O espiritual pode ser, tanto consciente como inconsciente, sendo muito porosa a fronteira entre estes dois elementos.

O genial aporte de Freud é que o inconsciente tem uma dinâmica e leis próprias, possui uma atividade com certas características. O inconsciente de Freud é um inconsciente impulsionado. A Logoterapia respeita estes aportes de Freud; diz que ele só fala na profundidade do homem, mas é, também, necessário falar na altura do homem.

O objeto da psicologia profunda limita-se à facticidade psicofísica, descuidando a pessoa propriamente dita, que é a espiritual-existencial, este eu que tem uma profundidade inconsciente. Afirma Frankl que, ao se referir à pessoa profunda, poder-se-ia referir unicamente à pessoa espiritual, porque a verdadeira pessoa profunda é espiritual-existencial, sempre inconsciente na sua dimensão mais profunda. A existência é um fenômeno primário e irredutível. Assim, pois, reafirma Frankl:

"A pessoa profunda espiritual pode, fundamentalmente, ser tanto consciente como inconsciente; devemos dizer que a pessoa espiritual profunda é forçosamente inconsciente e não meramente facultativa; em sua profundidade, no fundo, o espiritual é necessariamente inconsciente." (Frankl, 1992: 23-24)

O espírito, portanto, em sua origem, é inconsciente. Não somente em sua origem, mas também em última instância, tem que ser inconsciente em ambos os casos.

A psicologia profunda, até o presente, só se ocupou em investigar a impulsividade do homem, deixando de lado sua espiritualidade; portanto, identificou-se com a psicologia do *id* inconsciente e foi reducionista, enquanto reduziu todos os fenômenos à facticidade psicofísica, tendo descuidado da pessoa propriamente dita, que é o centro da existência espiritual. (Xausa, 1986: 193) A Logoterapia, em sua análise existencial, ocupa-se deste núcleo da pessoa humana em sua profundidade existencial, sem deixar de considerar o aspecto psicofísico, mas sem cometer reducionismos psicológicos ou espirituais.

Voltando-se à questão do consciente e inconsciente, deve-se lembrar que o limite entre ambos é fluido: é uma fronteira com espaços que permitem o trânsito de um lado para outro.

O importante é determinar se algo se origina nos impulsos, induzindo o homem à ação, ou se emerge do centro da pessoa e lhe permite suas próprias decisões. Para Frankl, o inconsciente dos impulsos é fático e o espiritual é facultativo. Sobre esta dinâmica explica Sardi:

> "Para Freud a dinâmica do inconsciente é colocar o ego no lugar do id; esta é uma intenção psicanalítica. Nós, na Logoterapia, falamos que a pessoa deve tomar consciência de qual é o projeto de sua vida, que tem a ver com o desenvolvimento da espiritualidade. Isto é facultativo relacionado com a liberdade de escolha segundo os valores que eu posso ou não realizar, desenvolvendo o inconsciente espiritual reprimido." (Sardi. 1986: 4)

A psicanálise afirma que o consciente pode ser reprimido no inconsciente e que se deve retirar o que se encontra no inconsciente e trazê-lo ao consciente. Frankl nesta dinâmica se posiciona de maneira original, dizendo que o trabalho não se esgota aí, mas que se deve voltar a depositar, no inconsciente, aquilo que já se tornou consciente. A Logoterapia acredita nas forças de saúde que o inconsciente possui. É um estilo de apelação a um nível facultativo, como qualifica Sardi, diferente dos elementos do inconsciente impulsivo.

A Logoterapia, na prática terapêutica, introduz uma psicoterapia a partir do espiritual, com base em uma psicologia que brota do espiritual.

Quanto à questão da psicoterapia e religião, Frankl distingue bem claramente o objetivo, o processo, a contribuição e os efeitos de cada uma. Para Frankl, a psicoterapia e a Logoterapia devem ser aplicáveis a qualquer paciente ateu ou crente e devem permanecer utilizáveis nas mãos de todo psiquiatra, mesmo que ele não esteja comprometido religiosamente.

A Logoterapia adota uma atitude neutra frente à religião e deve haver delimitação entre aquela e a teologia, respeitando-se o campo de cada uma. Para a Logoterapia a existência religiosa ou não religiosa são fenômenos coexistentes. A religião é um fenômeno que se dá no homem, entre muitos outros, portanto, um objeto para a Logoterapia. É necessário, assim, examinar-se também o objetivo, os limites, os processos e efeitos de cada uma.

Quanto aos fins da psicoterapia e da religião, Frankl os destaca com muita clareza. O fim da psicoterapia é a saúde mental, enquanto que o da religião é a salvação das almas. Portanto, não se confundem. Entretanto, poderão resultar efeitos profiláticos ou psicoterapêuticos quando o homem experimenta alívio psicológico ao considerar a sua transcendência ou sentir-se ancorado no Absoluto, ou quando o tratamento psicoterapêutico lhe permite libertar a fé primordial reprimida no inconsciente.

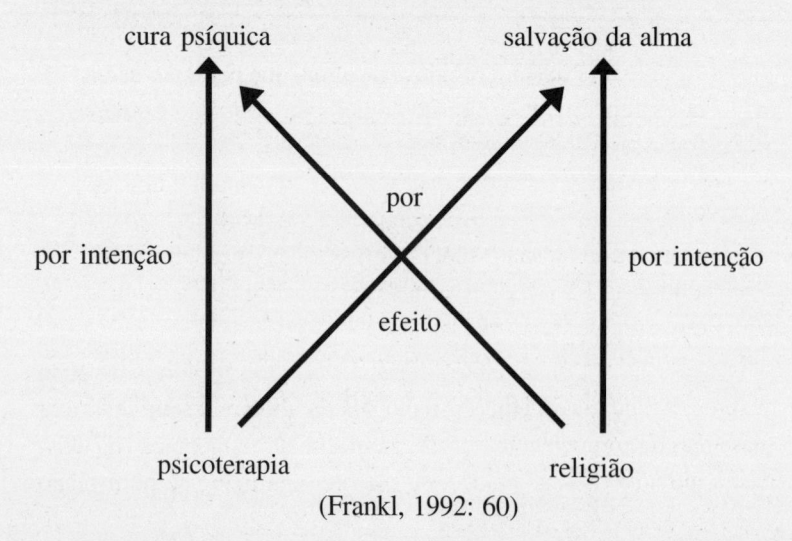

```
      cura psíquica                    salvação da alma
            ↑          ↖       ↗          ↑
                         por
    por intenção          ✕              por intenção
                        efeito
            ↑          ↙       ↘          ↑
       psicoterapia                    religião
```

(Frankl, 1992: 60)

Comentando este assunto, diz Frankl:

"Note-se, entretanto, o seguinte: por mais longe que esteja do empenho e preocupações da religião, na sua primeira intenção, o saneamento anímico é que ela, 'per effectum' e não 'per intentionem' tem uma repercussão psico-higiênica e efetivamente terapêutica, porquanto permite ao homem uma segurança e uma ancoragem incomparáveis, que em parte alguma poderia encontrar; a segurança e a ancoragem na transcendência, no Absoluto. [...] o nível categorial da saúde anímica é diferente do da salvação da alma." (Frankl, 1973: 297)

Pedrini (1988) comenta que não poucos sacerdotes e religiosos psicólogos infelizmente fazem uma extrapolação da religião, negando a natureza humana e ignorando as verdades científicas comprovadas psicologicamente, ou fazem uma extrapolação da psicologia, negando a graça de Deus, que tem levado os pacientes, em conseqüência, a um esvaziamento e a um abandono da fé.

Lukas afirma que a solução mais fácil seria atribuir à psicoterapia o esclarecimento do inconsciente instintivo e, à religião, o esclarecimento do inconsciente espiritual.

"Porém também esta não é uma solução aceitável, pois um trabalho de cura religiosa da alma, que perdesse de vista os fundamentos biopsicológicos da condição humana, fracassaria logo; e uma interpretação psicoterapêutica que procurasse excluir o espiritual do ser humano também não atingiria seus objetivos e passaria ao lado do ser humano, sem tocá-lo na sua essência. A história conhece muito bem ambas as variações e, afinal, está na hora de superar os erros do passado." (Lukas, 1990: 155)

Para a Dra. Lukas, tanto a religião ou cura religiosa da alma quanto a terapêutica médico-psicológica da alma precisam delimitar suas áreas de competência, sem levarem a uma fragmentação da existência humana. Para Frankl, toda psicoterapia move-se num plano mais aquém da fé revelada, pois a fé implica numa decisão de pessoa, além do campo científico e pertence a uma categoria transcendental.

Frankl tem muito claro estes limites entre a psicoterapia e a religião e fala sobre eles:

> "Se a psicoterapia chegar por um lado em que a alma humana é o que cremos: **anima naturaliter religiosa,** haverá conseguido unicamente ter atuado como **sciencia naturaliter irreligiosa**, isto é, como ciência não ligada à religião 'por natureza', pura e simplesmente como ciência autônoma que é e segue sendo." (Frankl, 1992: 58)

Frankl exclui da Logoterapia qualquer comprometimento com confissão religiosa. Lembra Schultz:

> "[...] não há neuroses e psicoses cristãs, muçulmanas, hebraicas ou budistas; e que, portanto, não pode haver psicoterapia religiosa cristã, budista ou de qualquer seita." (Schultz *apud* Frankl, 1982c: 157)

Entretanto, Frankl fala sobre uma religiosidade inconsciente e que muitas vezes está reprimida. Esta religiosidade do homem é uma realidade em sentido empírico mais estrito, que pode permanecer ou fazer-se inconsciente e poderá igualmente ser reprimida. Frente a Freud, argumenta Frankl que não há somente uma sexualidade inconsciente e que a religiosidade não provém de imagens recebidas por tradição. Frente a Jung, afirma que a religiosidade inconsciente pertence ao inconsciente espiritual. Jung situou a religiosidade no **id**, ligada a arquétipos religiosos por onde os elementos do inconsciente arcaico ou coletivo determinam a pessoa. Freud reconhecia a existência da moralidade inconsciente, e Jung descrevia a religiosidade inconsciente. Entretanto, Jung reduziu a religiosidade a um instinto religioso derivado do inconsciente coletivo, enquanto que, para Frankl, é de natureza mais pessoal possível, nada tendo a ver com o coletivo, daí seu caráter de intimidade, não havendo necessidade de recorrer a arquétipos para desinibi-la ou aclará-la. Os esquemas vistos por Jung não são arquétipos inatos ou congênitos;

correspondem a diversas formas confessionais, são imagens recebidas por tradição no meio religioso em que vivemos, algo apenas facticamente preexistente e que não pode ser transmitido pelo biológico. O mesmo pode ocorrer com o conceito de Deus. Não há necessidade de recorrer a arquétipos para esclarecer o conceito de Deus.

Frankl refuta Jung, dizendo que a nenhum inconsciente coletivo poderão pertencer as decisões pessoais e íntimas, que podem ser inconscientes, mas não impulsivas, porque a verdadeira e autêntica religiosidade não tem caráter impulsivo, não se constitui em inconsciente determinante e, sim, existente. Esta religiosidade não está em estado latente como religiosidade reprimida, mas é algo preexistente, considerada de maneira existencial.

Ao reconhecer o inconsciente espiritual, a Logoterapia afasta toda a intelectualização e racionalização unilaterais sobre a essência do homem. A espiritualidade inconsciente aparece como uma religiosidade inconsciente, isto é, um estado inconsciente em relação a Deus, ainda que, muitas vezes, latente.

Frankl trabalha com a religiosidade em nível inconsciente não só para torná-la consciente permitindo que brote espontaneamente, mas afirma que se deve desarticular os argumentos que constituíram um motivo para sua repressão e mostrar a superficialidade da argumentação anti-religiosa, verificando-se a sua relação com a transcendência que está perturbada.

A religiosidade, reprimida ou não, aparece muitas vezes sob a forma de sonhos.

Sobre os sonhos, também, diz Jung que o símbolo produzido espontaneamente nos sonhos indica algo como um Deus Interior. Embora reconheça que esta é uma idéia não científica, afirma que os homens esqueceram de pensar nesta direção, dizendo:

> "E mesmo que tivessem alguma fé em Deus, repeliram a idéia de um **Deus interior** devido a sua educação religiosa que sempre depreciou esta idéia mística que impõe à consciência através dos sonhos e visões." (Jung, 1978: 93)

Frankl, em sua experiência clínica, encontrou, não raro, a abundância de elementos religiosos, em estado latente, em sonhos de pacientes declaradamente irreligiosos.

Na escala individual a fé se atrofia ou se desfigura, neurotizando-se, em escala social degenera em superstição. Quando o sentimento religioso é vítima da repressão ocorre um despotismo por parte da razão absoluta ou da inteligência tecnicista.

Ao examinar pacientes, Jung diz que estes confiaram-lhe este ensinamento:

"Entre meus pacientes de 35 anos, não encontrei nenhum em que o problema principal não fosse de religiosidade. Em última análise, todos ficaram doentes porque perderam aquilo que as religiões vivas, em todos os tempos, ofereceram a seus fiéis. E nenhum se curou enquanto não encontrou de novo a religião..." (Jung *apud* Benkö, 1981: 54)

Segundo Jung, é importante que o homem elabore corretamente a sua experiência de Deus e não queira utilizar somente sua capacidade de raciocínio abstrato.

Freud considerou a religião como "a neurose obsessiva comum ao gênero humano" (Freud, 1973: 2984), ao que Frankl responde que na neurose pode haver uma deficiência de transcendência e que a "neurose obsessiva é a religiosidade psiquicamente enferma." (Frankl, 1979b: 78)

Algumas pessoas rejeitam a dimensão supra-humana; outras rejeitam as idéias tradicionais de Deus; outras ainda repelem a realidade intangível alegando que são incapazes de percebê-la. Não se pode, entretanto, reduzir Deus à dimensão humana, assim como não se pode buscar uma resposta direta de Deus e cair numa forma de pensamento mágico, infantilizando a religiosidade.

No capítulo sobre a "Linguagem Religiosa dos Sonhos", no livro *Psicoterapia – Uma Casuística para Médicos* (1976), Frankl relata o seguinte sonho o qual se resume aqui:

"Certa paciente queria descobrir por que ela tanto detestava o Cristianismo. Ela não praticara a religião desde a sua infância. Numa combinação propositada de Logoterapia e de medidas sugestivas, dei-lhe a sugestão pós-hipnótica de que 'hoje à noite receberei a resposta dos meus sonhos'. No dia seguinte ela contou este sonho: 'Estou na cidade em que passei a minha infância. Estou esperando um trem para Viena'. A paciente com isto está resumindo seu caminho do passado para o presente. 'Lá mora o doutor X. Quero visitá-lo'. O doutor X é um psicoterapeuta bem conhecido e amigo da família da paciente. Portanto, o sonho está indicando uma necessidade de psicoterapia. 'Não sei o endereço do doutor X. Pergunto a uma mulher e ela responde 'perto da igreja'. A paciente sabe, portanto, que sua recuperação com psicoterapia precisa ser completada pela religião. 'No sonho fico pensando: eventualmente acharei a igreja novamente'. Então ela está otimista. Não é preciso ressaltar que 'igreja' aqui significa mais do que a simples construção. Portanto, o sonho revela sua esperança e convicção de que encontrará seu caminho de volta para a religião. 'Mas tudo é diferente do que costumava ser'. Encontrar este caminho de volta não é tão simples para um adulto que foi acossado pelo inferno da vida e da dúvida. 'Fico pensando que rua devo tomar. Qual o caminho a tomar de volta à religião. Já estou caminhando bastante tempo. Fico em dúvida'. No sonho essa dúvida se refere ao caminho para o doutor X, mas, na realidade, se trata de dúvida a respeito de Deus. 'Uma menininha está parada à minha frente e me dá informação'. Espontaneamente, a paciente observou que esta menina representava ela mesma em sua infância. Perguntei se conhecia a passagem bíblica 'tornai-vos como crianças novamente' e a paciente me disse que esta passagem sempre lhe causara profunda impressão. E qual foi a informação que a menina lhe deu no sonho? 'Perto da igreja, mas você tomou o caminho errado, você precisa voltar'. A paciente sente, então, que primeiro ela precisa voltar à simplicidade das crianças que caracteriza a fé nas mesmas." (Frankl, 1976a: 49-51)

Assim, pois, o psicoterapeuta, ao analisar um sonho religioso, deve ficar atento para permitir ao paciente uma análise verdadeiramente existencial do sonho e ver na sua mensagem também a linguagem da transcendência expressa por ele.

Etcheverry afirma que se tem o direito de envolvimento com a religiosidade do paciente, porque se está a serviço do homem "total". E completa:

"Como diria Theillard Chardin, entre a ciência e a fé há uma tensão que deveria resolver-se, não em termos de eliminação ou dualidade, e sim em termos de síntese.

Talvez a ciência não precise da religião. À recíproca, talvez a religião não precise da ciência. Mas eu estou convencido de que o homem necessita de ambas." (Echteverry, 1986: 10)

Frankl é, pois, um dos autores em psicologia que, sem confusões e reducionismos, trata das relações da psicoterapia e da religião. Para os psicoterapeutas aconselha:

"O que nós, psiquiatras, podemos e devemos fazer, é manter a continuidade do diálogo entre religião e psiquiatria, no sentido de uma tolerância recíproca, tão indispensável numa era de pluralismo e numa área como a medicina." (Frankl, 1992: 89)

4.2 – O símbolo da Igreja

A igreja, como tal, está sempre ligada à religião.

Sonhos com a igreja são analisados de maneira diferente pelos psicanalistas, como de resto, por outros também.

Jung afirma que o fenômeno religioso é básico e que a voz dos sonhos não é do sonhador, mas provém de uma fonte que o transcende.

Jung, que reconhece o valor da religião, traz dentro de uma seqüência de sonhos alguns sonhos com igreja. Entre quatrocentos sonhos fez uma seleção de quarenta e sete religiosos, dois deles analisados por ele em sua obra e, posteriormente, comentados por Fromm.

O sonho transcrito, em parte, é de um homem que recebera educação católica, mas não praticava nem se interessava por problemas religiosos. Segundo Jung, pertencia àquele grupo de intelectuais ou cientistas que se mostram espantados se lhes atribuem idéias religiosas de qualquer espécie.

No sonho aparecem muitas casas que lembram um palco de teatro, com bastidores e decorações. Alguém pronuncia o nome de Bernard Shaw e uma peça será desenvolvida no futuro. Numa das casas está escrito:

"Esta é a igreja católica universal.

Ela é a igreja do Senhor.

Queiram entrar todos que se sentem instrumentos do Senhor."

Mais abaixo está escrito em caracteres menores:

'A igreja foi fundada por Jesus e Paulo' – como para recomendar a antigüidade de uma firma. Eu disse a meu amigo:

– 'Venha, vamos ver de que se trata'.

Ele respondeu:

– 'Não entendo por que tantas pessoas precisam reunir-se quando têm sentimentos religiosos'.

Ao que eu replico:

– 'Como protestante você jamais compreenderá isto'."

Uma mulher concorda com o sonhador que vê uma proclamação na parede:

'Soldados!

Quando sentirdes que estais em poder do Senhor, evitai dirigir-lhe diretamente a palavra. O Senhor é inacessível às palavras. Além disso, recomendo-vos, encarecidamente, que não discutais entre vós a respeito dos atributos do Senhor, porque as coisas preciosas e importantes são inexprimíveis.'

Assinado: Papa (nome ilegível)." (Jung. 1978: 29-30)

O sonho continua:

"Ao entrar, o sonhador vê que a igreja é sem bancos e imagens e parece a mesquita de Santa Sofia. Nas paredes como provérbios do Corão aparecem várias sentenças entre elas: – 'Não aduleis os vossos benfeitores'. A mulher que antes havia concordado prorrompe em prantos e diz que não concorda. O sonhador afirma que está certo e ela foge em seguida. Por não enxergar bem, o sonhador muda de lugar e percebe que há uma multidão. As pessoas dizem em uníssono: 'Confessamos estar diante do Senhor. O reino dos Céus está dentro de nós'. Repetem três vezes. Ouve-se uma música ao fundo e um coro cantando. A reunião termina e os participantes, de modo estudantil, conversam, dão as boas-vindas entre si, brindam com um vinho vindo de um seminário episcopal. Ouve-se uma canção com a seguinte melodia: 'Agora Carlos é também dos nossos'. Um padre explica que estas diversões de segunda ordem foram aprovadas e permitidas oficialmente e que há uma necessidade de adaptar-se aos métodos americanos. A orientação das igrejas americanas é antiascética. O sonho acaba e gera uma grande sensação de alívio." (Jung, 1978c: 30-31)

Jung afasta-se de Freud quando este afirma que os sonhos nada mais são do que uma fachada e que por detrás deles algo se esconde deliberadamente. Jung afirma que procura recorrer a outra autoridade – o *Talmud*. Segundo ele, o sonho é a própria interpretação.

Por esta e outras razões, Jung afirma que este sonho trata de religião. Considera a primeira parte, do sonho uma forte argumentação em favor da Igreja Católica, pois o sonhador rejeita o ponto de vista protestante segundo o qual a religião constitui uma experiência íntima individual. Na segunda parte, vê uma adaptação da igreja a um ponto de vista mundano, sendo o fim uma argumentação em favor de uma tendência antiascética que a igreja real jamais apoiaria, mas que o sacerdote converteu em princípio. Esta tendência manifesta pelo comer, beber, fazer, etc., é epicurista e pagã, incompatível, segundo Jung, com uma atitude fundamental cristã. Assim, comenta:

> "O antagonismo efetivo não transparece no sonho. Acha-se velado pelo ambiente íntimo e agradável, onde os contrastes perigosos se confundem e se apagam. A concepção protestante de uma relação com Deus se acha reprimida pela organização de massas e um sentimento religioso coletivo que lhe corresponde. A importância atribuída às massas e a introdução de um ideal pagão oferecem uma estranha semelhança com fatos da Europa de nossos dias." (Jung, 1978c:32)

Segundo o analista, a função inconsciente do paciente estabelece um compromisso muito superficial entre o catolicismo e uma "joie de vivre" (alegria de viver pagã). No sonho não há uma expressão de um ponto de vista sólido ou uma opinião definitiva, mas corresponde muito mais a uma exposição dramática de um ato de reflexão.

Deixa-se de lado a interpretação junguiana sobre a presença da mulher no sonho, que seria uma representação da "anima", isto é, o lado feminino do paciente para não entrar na especificidade da doutrina junguiana. O foco principal do sonho refere-se à religião.

Para Jung, o paciente havia desconsiderado a religião como algo importante para ele e jamais esperava que ela viesse a interessá-lo de algum modo. Sendo intelectual e racionalista, acabou percebendo que sua atitude filosófica era totalmente impotente em relação à sua neurose. Encontrava-se, portanto, como um homem quase abandonado por suas convicções e, por isso, no sonho, volta à religião de sua infância, na esperança de nela encontrar ajuda para seus problemas. Seu inconsciente levou-o a uma singular constatação no tocante à sua religião sem, entretanto, ser uma decisão consciente de reviver antigas formas de sua fé religiosa. Jung considera que este sonho não ofereceu material suficiente para colocar, com profundidade, o problema da atitude religiosa do paciente.

Fromm, em seu livro *A Linguagem Esquecida* (1983), comenta a análise que Jung faz do sonho, discordando em alguns pontos, especialmente no que se refere à tentativa de conciliação e mundanismo. Critica Fromm:

> "A interpretação de Jung permanece na superfície e não leva em conta as forças psíquicas subjacentes produtoras deste sonho. A meu ver, o sonho não é absolutamente um ajuste flagrante entre mundanismo e religião, mas uma amarga acusação contra esta e, ao mesmo tempo, um sério desejo de independência espiritual." (Fromm, 1983: 81)

Para Fromm, Jung não se deu conta de que Carlos é o seu próprio nome Carl e que a observação zombeteira está de acordo com o espírito de rebeldia e contra a autoridade presente em todo o sonho. Afirma que o sonhador de Jung, apesar de sua indiferença consciente à religião, está num plano psíquico mais profundo preso a ela, isto é, ao tipo autoritário de religião que ele conheceu na infância. Seu desejo seria o de libertar-se das autoridades. Reconhece que o sonhador está realmente preocupado com religião, não para chegar a uma acomodação, mas para estabelecer a nítida diferença entre religião autoritária e humanista. Para Fromm, a religião autoritária é um sistema no qual o homem é impotente frente ao poder de Deus e a obediência é uma virtude básica. Diz Fromm:

> "Ele anseia é pela religião humanista, na qual a ênfase é colocada no vigor e bondade do homem e a virtude não é a obediência, mas a realização das potencialidades individuais." (Fromm, 1983: 82)

Assim, aconselha este autor a examinar os outros sonhos do paciente de Jung e considera Jung dogmático na análise do sonho.

Boss, em sua obra *Na noite Passada Eu Sonhei* (1979), não apresenta nenhum sonho diretamente com igreja, mas só indiretamente. Seu paciente sonhou que foi acordado por sinos de uma igreja às cinco horas da manhã. Era o pastor que estava tocando os sinos tão cedo. O sonhador foi à igreja e destratou o pastor por todo aquele barulho e pediu que não fizesse de novo. Todo o comentário de Boss refere-se à figura do pastor, que poderia representar o analista e as relações terapeuta-paciente. Sobre o fato de o sonhador se enxergar sendo acordado, não pelo próprio analista, mas por um pastor, sugere a Boss perguntar:

> "Se você pensa realmente sobre seu sonho com o pastor, não pode sentir que também experiencia a análise como basicamente um tipo de intervenção religiosa, uma chamada convencionalmente ética para padrões comportamentais específicos dados por um representante da moralidade social, pública?" (Boss, 1979: 80)

Relata Boss que esta pergunta teve efeito admiravelmente terapêutico sobre o paciente. Lembra que esta pergunta jamais teria ocorrido a um analista que teria ficado cego pelas teorias de sonhos das "psicologias profundas", pois estas só teriam confundido o pastor com o analista, deixando de enxergar a mensagem que o sonho traz.

Relacionando religião, igreja e psicoterapia, Frankl em seu livro *A Presença Ignorada de Deus* (1992), no capítulo "A Linguagem Religiosa dos Sonhos", trata do assunto de forma muito rica.

> "Uma mulher sonhou que ela se dirigia à igreja de Alser. Eis o que ela associou: 'No meu caminho para o psiquiatra, passo pela igreja de Alser, e então penso muitas vezes: Estou no caminho em direção a Deus – não diretamente através da igreja, mas através da psicoterapia. Meu caminho para Deus passa, a bem dizer,

pelo doutor. Quando volto da sessão de terapia, é claro, passo novamente pela igreja de Alser e, assim, ir à terapia é apenas um desvio que leva à igreja'. O sonho continua assim: 'A igreja parece estar deserta'. Interpretação: O fato de a igreja estar deserta significa que a paciente desertou da igreja. De fato, ela abandonara a igreja. O sonho continua: 'A igreja foi completamente bombardeada; o telhado desabou e somente o altar ficou intato'. Interpretação: O choque interior que a paciente experimentou durante a guerra sacudiu-a espiritualmente, mas também abriu os seus olhos para o lugar central que a igreja na vida, ou seja, o altar. 'Aqui tudo está iluminado pelo azul do céu; o ar está livre'. Interpretação: Aqueles choques interiores abriram a sua visão para enxergar as coisas celestiais. 'Mas acima de mim ainda estão os remanescentes do telhado, barrotes que ameaçam ruir, e disso eu tenho medo'. Interpretação: A paciente teme a recaída, teme mais uma vez ser soterrada em ruínas. 'E fujo para o campo aberto, desapontada, de certa forma'. Interpretação: a paciente, fazia pouco tempo, de fato se desapontara não só com sua aceitação da religião, mas também com instituições religiosas. A aceitação integral de sua religião fora dificultada por algumas impressões de mesquinhez e estreiteza da parte de alguns sacerdotes e teólogos.

Não causa surpresa que a paciente tinha dificuldades com a religião institucionalizada, uma vez que ela dizia ter experimentado enlevos místicos estáticos por diversas vezes. Por isso é interessante explorar este lado de sua problemática religiosa e ver até que ponto este aspecto do inconsciente espiritual da paciente chegava a se expressar em seus sonhos: 'Estou na praça de Santo Estêvão' (centro da Viena católica). 'Estou em frente ao pórtico principal da catedral de Santo Estêvão e vejo que está fechada'. Interpretação: Ela não tem acesso ao Cristianismo. 'Dentro da catedral está escuro, mas eu sei que Deus está ali'. A isto ela associa espontaneamente a seguinte citação dos salmos: 'Verdadeiramente és um Deus oculto'. Continua o sonho: 'Fico procurando a entrada'. Interpretação: Ela busca um acesso ao Cristianismo. 'Falta pouco para o meio-dia'. Interpretação: Está mais do que na hora. 'O padre X está pregando lá dentro. (O padre X de certa forma representava para ela o Cristianismo). Por uma pequena janela consegui ver a sua cabeça'. Interpretação: Aquilo que ela representa é mais do que a pequena parte que ela vê dele. 'Quero entrar lá dentro'. Interpretação: Ela quer deixar a sua aparência para voltar-se para a essência. 'Corro por estreitos corredores'. A relação existente entre 'estreito' (**eng**) e 'angústia' (**angst**) é bem conhecida; a paciente de fato está angustiada e impaciente por alcançar o seu alvo. 'Tenho comigo uma caixa de bombons sobre a qual se lê 'Deus chama''. Interpretação: Ela está sendo chamada para uma vida religiosa, que é o alvo que ela busca com tanta impaciência, e o caminho para este alvo já contém a 'doçura de experiências místicas estáticas'. 'Tiro um bombom da caixa e o como, mesmo sabendo que talvez me faça mal'. A paciente já contara repetidas vezes que deliberadamente se expunha ao risco de insanidade como possível resultado de seus estados místicos, isto é, o risco de que estes poderiam deixá-la com um 'mal'. 'Tenho medo de que alguém veja a inscrição na caixa de bombons; fico com vergonha e começo a apagar a inscrição'. A paciente sabia que o 'caso' dela seria publicado e tentava tudo para impedi-lo.

    Aqui nos deparamos com um fato que ainda será bastante importante para nós. Ou seja, que às vezes as pessoas se envergonham de sua religiosidade e procuram escondê-la. Freqüentemente se comete o erro de confundir essa vergonha com inibição neurótica." (Frankl, 1992: 35-36)

Na experiência da terapeuta têm surgido inúmeros casos de sonhos com conteúdo religioso, tanto de pacientes que professam uma religião oficial como de outros que não estão vinculados a alguma religião e de pacientes que se dizem sem fé alguma.

Os sonhos com igreja também têm aparecido especialmente para mostrar a situação em que o paciente se encontra frente à sua igreja ou religião.

Levando em conta somente o conteúdo existencial, procurou-se não afastar os pacientes com interpretações subjacentes que não condizem com a Logoterapia. Os sonhos serviram para proporcionar uma reflexão sobre a situação religiosa dos pacientes e sua integração na vida.

No caso do paciente Carlos, este, por muitos anos, apesar do tio ser pastor, deixou sua igreja de infância, que também se caracterizava por um tradicionalismo religioso. Após uma conversão pessoal, na qual passou por uma experiência mística profunda, conseguiu uma espiritualidade viva e dinâmica e viu um novo sentido na vida religiosa.

Os sonhos são bem claros e os pacientes, pela análise feita com diálogo socrático, deixam explícitos os seus ideais religiosos.

Há uma síntese entre a vida dita secular e a religiosa.

Paciente Carlos
Apresentação e dados sobre o paciente

Carlos, solteiro, vinte e nove anos, inteligente, formado em Administração, exerce sua profissão numa firma. É o mais velho de uma família de dois irmãos. Seu tio é um pastor que exerceu funções religiosas como pároco de uma igreja durante um tempo e depois passou a dedicar-se mais às atividades profissionais. Carlos, educado na religião de seus pais, compartilhava da opinião do tio sobre a crescente falta de espiritualidade da linha tradicional da igreja. Quando entrou na adolescência, Carlos abandonou a prática religiosa e nem questionou a necessidade dela.

Procurou a Logoterapia porque sofria de angústia e tinha problemas afetivos não bem resolvidos. Apresentava-se confuso em relação a estes problemas. Não manifestava sintomas neuróticos destacáveis, porém, às vezes, tinha reações alérgicas de pele que a caracterizava e, outras vezes, sofria de problemas intestinais, ambos caracterizando um quadro de problemas psicossomáticos. Durante o tratamento estes sintomas desapareceram.

Em determinado período da terapia teve o sonho aqui descrito. Este sonho exerceu um relevante papel em sua vida. Em um período anterior questionou-se sobre o sentido de sua vida e sobre a forma de realizá-lo.

Ligado à área da administração e com responsabilidade na firma, sentia-se afastado da área humanística e preso a uma engrenagem capitalista que o absorvia cada vez mais. Quando examinava sua vida envolvida nesta engrenagem, sentia-se muito angustiado. Tentou voltar às atividades artísticas de um teatro amador ao qual se integrava, passou a ler livros relacionados com a humanização das empresas, etc. Sentia-se com falta de fé e manifestava tristeza por não encontrar em sua igreja o que gostaria de receber. Conheceu em Porto Alegre uma senhora do mesmo ramo cristão, Dona Nilza, e ficou muito tocado por ela e por sua experiência religiosa profunda de renovação da igreja. Por intermédio dela teve uma experiência semelhante e, como não havia em sua cidade grupos reavivados na fé, ingressou num grupo de jovens católicos renovados e integrou-se com eles perfeitamente. Trouxe para a psicoterapia estas experiências valiosas para sua vida. O sonho que teve foi no início de sua nova vida religiosa.

Relato do sonho

Paciente: Estava na igreja de minha cidade natal. Os bancos estavam virados para a porta da igreja, de costas para o altar. O altar estava na capela que fica ao lado da porta principal. Eu lia a epístola do meu lugar. Minha leitura era péssima. Eu gaguejava, não conseguia dar a entonação adequada. As pessoas que estavam na igreja faziam muito barulho. Conversavam umas com as outras. Algumas quase me vaiavam. A igreja estava cheia. Ainda o catequista, que já morreu há anos, veio passando uma enceradeira muito ruidosa pelo corredor e chegava com ela o mais próximo possível de mim. Tentei ler mais alto, mas não consegui que me ouvissem.

Análise do sonho

Terapeuta: Como vês o significado deste sonho?

Paciente: É que, realmente, esta igreja está virada ao contrário.

Terapeuta: Por que dizes isto?

Paciente: Ela está, realmente, desorganizada. É uma tristeza!

Terapeuta: Que relação tem com a realidade o papel que desempenhavas na igreja durante o sonho?

Paciente: O fato de eu ler significa que quero fazer alguma coisa; representa a vontade que tenho de desvirar os bancos e colocar tudo no lugar correto.

Terapeuta: Podes explicar melhor?

Paciente: É que quero fazer algo para melhorar a igreja. Mas antes, preciso me aprofundar naquilo que acho certo – o conhecimento de Jesus, para que, se Ele quiser, eu possa ser usado para modificar algo na minha igreja. Este sonho é bem esclarecedor.

Terapeuta: O altar da capela ficava ao lado?

Paciente: É isto; é real. A capela fica ao lado, no lado oposto do altar da igreja. A capela é muito aconchegante. Eu gostava muito dos ofícios que meu tio dirigia ali. A liturgia era mais respeitada. Com o pastor que o substituiu a capela foi fechada, dando lugar a um escritório.

Terapeuta: O que isto te sugere?

Paciente: Isto me sugere um desvio da igreja. O novo pároco é despreparado, de moral duvidosa, o que combina com o resto da igreja que agora também é assim. Atrás do altar da capela havia uma pintura de Jesus, muito linda e aconchegante. As mudanças na igreja sugerem um desvio dela.

Terapeuta: Voltando à cena do sonho, o que significam a tua tentativa de ler a epístola e o barulho das pessoas presentes?

Paciente: Não tenho direito, propriamente, de pensar no que vou dizer, mas acho que é isto. Eu poderia fazer alguma coisa pela igreja. Tenho um certo trânsito, pois tanto a família de meu pai e de minha mãe são conhecidas. O fato de Jesus ter me tocado, como me tocou, é muito significativo. Às vezes eu fico pensando que Jesus poderia me usar para esta igreja que está tão vazia na fé. O Espírito Santo poderia me usar, como dizia Dona Nilza.

Terapeuta: O que podes então fazer?

Paciente: Tenho que me dedicar mais à religião e estudar também. Ontem eu estava orando e abri a Bíblia e pedi que Jesus me comunicasse alguma coisa que agora não consigo me lembrar. Era nesse sentido de guardar a palavra da mensagem Dele. Ah! Agora me lembro: "Aquele que...", é aquela passagem sobre aqueles que queriam seguir a Jesus, mas disseram "Eu tenho primeiro que enterrar meu...". É como se ele estivesse dizendo isto para mim. Em vez de eu ficar só lendo um livro de marketing, tenho que estudar a palavra de Deus, orar e caminhar com Jesus.

Comentário

Carlos sonha com a igreja física. No sonho deseja a transformação da igreja enquanto instituição. Passa por uma conversão e busca, como empresário, equilibrar a realização e os valores de seu trabalho, com os novos valores religiosos descobertos. O sonho é um marco de suas vivências religiosas que tomaram um novo rumo e uma indicação de como poderá equilibrar e hierarquizar devidamente os valores do trabalho e os valores religiosos, ajudando-se a não sucumbir numa neurose de trabalho, que aponta para o pseudo-sucesso do "Homo faber" de uma sociedade materialista.

4.3 – A imagem do sagrado

Para Hernández, muitas informações clínicas não se esgotam numa interpretação psicodinâmica, mas se referem a uma ordem mais profunda que poderia ser denominada de ordem do mistério.

O mistério ultrapassa a capacidade reflexiva, não pode ser analisado, transcende toda a técnica concebível, transcorre fora do tempo cronológico e do espaço geográfico.

A distinção entre o problema e o mistério é filosófica, enquanto que a vivência dá-se em nível psicológico. Na filosofia destaca-se, com maior ênfase, a questão do mistério em Gabriel Marcel que traça a distinção entre o problema e o mistério. Sobre esta distinção marceliana, explica Zilles:

> "O problema pertence à esfera do objetivismo impessoal das ciências e da técnica. O mistério situa-se no campo do pessoal e transcendente. Por isso, o mistério não pode, nem deve ser reduzido ao problemático." (Zilles, 1988: 49)

Para o filósofo Marcel, o psicologismo degradou o mistério fazendo dele um problema.

A Logoterapia de Frankl respeita o mistério e considera a transcendência. O mistério que supre o sagrado não pode ser abrangido pela lógica fria do processo unicamente científico. Comenta Hernández: "no psicologismo o mistério degradou-se para fazer-se problema." (Hernández, 1984: 15)

Frankl estende, ao conceito do inconsciente impulsivo, o do inconsciente espiritual. Fala também sobre a consciência como uma janela que se abre à transcendência. Encontra-se uma correlação entre o "inconsciente espiritual" de Frankl e o "inconsciente sagrado" de Hernández.

Seguindo o paralelismo entre Frankl e Hernández e reconhecendo no paciente um desejo subjacente a todo pedido de ajuda como um anelo de salvação, encontra-se neste autor algo que expressa a posição clara do terapeuta ao lidar com o sagrado na terapia:

"No sagrado, à diferença do corporal, agrega-se um novo nível de complexidade. O sagrado é algo que devo ter em conta tanto no paciente como em mim terapeuta e que diferencia dos dados do inconsciente biográfico. Não o posso controlar com a transferência, já que habitualmente cai fora do aprendido como estritamente psicoterapêutico. À ausência da objetividade imediata, agrega-se o preconceito da formação psicoterapêutica. Deste modo, a semelhança com o orgânico leva em certas ocasiões a não discriminá-lo adequadamente e o tomo como uma sintomatologia psicológica secundária enquanto que o 'problema ligado ao sagrado é um fato primário'." (Hernández, 1984: 8)

Este autor, em seu livro *O Lugar do Sagrado na Terapia* (1986), sugere ao terapeuta, que deve levar em conta também o nível do sagrado. Explica que no encontro terapeuta-paciente o corpo de alguém que se põe diante dele gera um sentimento de realidade no encontro com o outro, o transcendente, o irmana em um destino comum. O corpo dá a base neurofisiológica para que o discurso possa expressar-se, enquanto que a camada sagrada envolve o discurso que contém o acontecer biográfico, com ritmos que marcam a finitude do homem.

"Ao levar em conta o nível sagrado, aceitamos que além da leitura psicodinâmica ou descritiva que efetuamos, do relato do paciente, há 'outra' realidade misteriosa que foge à habilidade específica do terapeuta. Em resumo, esta outra realidade atua independentemente do terapeuta, e o faz tanto nele como em seu paciente. Ainda que o terapeuta o ignore, não anula sua atividade." (Hernández, 1986b: 132)

Hernández traz em sua obra vários registros de pacientes que confirmam a sua elaboração da camada do sagrado. Entre eles o de J.C.O., um paciente com 38 anos, casado e profissional. Sobre ele relata Hernández:

"Na primeira consulta me diz: 'Venho vê-lo porque me disseram que o senhor permite falar de Deus. Tenho estado em análise durante cinco anos, mas cada vez que me escapava algo de Deus, o terapeuta me observava. Dizia-me que deixasse de falar bobagens, que não confundisse as coisas, que a religião era mais um sintoma da doença. Eu creio – continua dizendo o paciente – e me disseram que também o senhor crê, além disso sei que necessito de psicoterapia, mas não estou disposto a abandonar minha fé, primeiro porque é algo certo e depois porque tenho recebido muita ajuda crendo'." (Hernández, 1986b: 28)

Para o psicoterapeuta, J.C.O. expressa claramente o desejo de preservar o universo de sua crença desprezado por um cientificismo pueril. Quer encontrar alguém que leve em conta seu simbolismo sagrado.

Na prática terapêutica da autora do presente trabalho, esta manifestação acima descrita tem acontecido muitas vezes. Também encontrado muitos pacientes com graves problemas de repressão religiosa feita por terapeutas anteriores, que reduziram o religioso e o espiritual a um psicologismo cego.

Muitas vezes o terapeuta encontra-se frente a frente a uma repressão da religiosidade do seu paciente, isto é, o ocultamento desta diante do "eu" consciente. Nos sonhos, entretanto, esta religiosidade se manifesta de forma clara. O terapeuta tem o dever de fazer o paciente tomar consciência de tais manifestações. E assim como o psicanalista trata de restituir à consciência as pulsões do inconsciente, o logoterapeuta deverá trazer à consciência a espiritualidade e a moralidade inconscientes, isto é, a tomar consciência do seu inconsciente espiritual, tendendo para o mais alto sentido da vida ou ouvindo a voz de sua consciência.

A religiosidade, efetivamente, constitui um dos elementos mais íntimos do homem, pois refere-se à relação com Deus. Sobre esta intimidade, diz Frankl:

"A religiosidade representa, como o amor, uma verdadeira intimidade, e é íntima ao homem num duplo sentido: entra no mais interno e está, como o amor, sob a proteção do pudor. Também a verdadeira religiosidade se oculta ante a publicidade, em virtude de seu caráter autêntico; se esconde para não se trair. Os pacientes temem trair sua íntima experiência religiosa em dois aspectos: divulgá-la e cometer uma traição. Temem este segundo perigo, porque não querem que sua íntima experiência termine nas mãos daqueles que não a compreendem, que não a têm como algo próprio, e sim como algo impróprio; tais pacientes temem que o médico, ao qual confiaram sua experiência, queira desmascarar o elemento religioso como uma sublimação da libido; ou que possa desmascarar algo impessoal, algo que não respeita ao eu, mas ao inconsciente arcaico, ou ao inconsciente coletivo." (Frankl *apud* Fizzoti, 1977: 52)

Frankl conta um episódio de sua vida em que o simbolismo religioso de uma pedrinha foi considerado por ele um sinal do céu e uma indicação para uma decisão pessoal que será relatada a seguir.

Um pouco antes de os Estados Unidos entrarem na Segunda Guerra Mundial, Frankl foi chamado pelo Consulado Americano em Viena para receber seu visto de imigração. Como somente ele poderia ir e seus velhos pais não, Frankl perguntava a si mesmo se devia permanecer ao lado deles ou seguir para os Estados Unidos. Frankl, entretanto, necessitava recolher-se intimamente para tomar a decisão. Fiel aos princípios de amor e fé, perguntava a si mesmo o que deveria fazer. Pensando, saiu pelas ruas de Viena e penetrou na catedral católica para meditar, recolhido no mais íntimo de seu ser. Ele mesmo relata este momento de tão grande significação para toda sua vida futura.

"Perguntava-me que deveria fazer: sacrificar minha família por amor da causa à qual havia dedicado minha vida ou sacrificar esta causa por amor de meus pais? Quando se está em tal divisão deseja-se vivamente receber uma resposta do céu. Deixei a catedral e voltei à minha casa. Tudo era normal. Vi, sobre o rádio, um pedaço de mármore e perguntei ao meu pai o que era. O Sr. Frankl era judeu piedoso e havia recolhido aquela pedra dentre os escombros da grande sinagoga, formava parte da Tábua que continha os Dez Mandamentos e tinha a inscrição de uma letra, em hebraico. Meu pai me explicou que aquela letra representava a fórmula abreviada de um dos mandamentos, correspondia ao que diz: 'Honra teu pai e tua mãe sobre a terra que o Senhor, teu Deus, vai te dar'. (Êxodo 20, 12). Isto bastou para que me decidisse ficar na Áustria, deixando caducar o passaporte americano." (Frankl, *apud* Fizzoti, 1977: 25)

Frankl comenta que ao aceitar este pedaço de mármore como um sinal do céu, já sabia antes, no íntimo do seu ser, porém sem expressar, que tinha decidido ficar. Diz que projetou esta decisão sobre a figura do fragmento de pedra.

De um lado, como explica Fabry, neste momento manifestou-se o caráter intuitivo da consciência que aponta para além da razão e, por outro lado, pode-se apreciar o símbolo e seu uso.

Jung (1968), falando sobre símbolos, diz que alguns são empregados para expressar verdades eternas e são usados em muitas religiões. Símbolos culturais ou religiosos guardam uma certa numinosidade e podem até provocar reações emotivas profundas, apresentando-se como algo valioso na edificação da sociedade humana.

A pedra ocupa um lugar simbólico na religião, na mitologia, na astrologia e nas tradições da humanidade.

Chevalier e Cherbrant comentam sobre o símbolo da pedra:

"Tradicionalmente, a pedra ocupa um lugar de distinção. Existe entre a alma e a pedra uma relação estreita."
(Chevalier e Cherbrant, 1988: 696)

Estes autores, pesquisando sobre o assunto, afirmam que, na tradição do pensamento da humanidade, a pedra e o homem apresentam um movimento duplo de subida e de descida; que a pedra bruta desce do céu e retorna a Deus, significando que o homem nasce de Deus e retorna a Deus.

Na Bíblia há inúmeras passagens que contêm o significado da pedra; nos livros do Êxodo, Deuteronômio e Reis há prescrições sobre a pedra na construção do templo. O templo deve ser construído com pedra bruta e não talhada:

"... ao levantares teu buril sobre a pedra, tu a tornarás profana." (Bíblia Sagrada, Êxodo, 1987: 121)

A pedra talhada é obra humana e dessacraliza a obra de Deus. Ainda na tradição bíblica, em função de seu caráter imutável, a pedra simboliza também a sabedoria. A Igreja Católica ainda hoje constrói e consagra seus templos sobre o fundamento de uma pedra sagrada. No Templo, a pedra é dita santa porque ela corresponde à sua função.

Em João, no livro do Apocalipse, na Mensagem às Igrejas de Pérgamo, o evangelista fala sobre a pedrinha branca relacionada com o nome novo, significando uma renovação interior do homem e um sinal de admissão no reino de Deus:

"Quem tem ouvidos, ouça o que o Espírito diz às Igrejas: ao vencedor darei do maná escondido, e lhe darei também uma pedrinha branca, uma pedrinha na qual está escrito um **novo nome**, que ninguém conhece a não ser aquele que o recebe." (Bíblia Sagrada, Apocalipse 2, ver.17, 1973: 1611)

Sobre a citação, Hernández, em palestra sobre a "Imagem do Sagrado", comenta que esta pedrinha significa uma restauração, uma recriação. Quanto ao nome escrito, lembra que há uma relação de intimidade nas relações interpessoais e na relação com Deus – então será possível uma nova relação com alguém que, na intimidade, nos chama e nos acolhe comum amor eterno – ; que há no homem um desejo de ser querido e compreendido e que nunca uma pessoa humana corresponde àquilo que se espera. Há uma necessidade de ser amado de forma incondicional, de ser querido por alguém de uma forma tão particular e tão profunda que só poderá acontecer de forma incondicional numa perspectiva de infinito. (Hernández, 1990b)

"A religiosidade representa, como o amor, uma verdadeira intimidade." (Frankl *apud* Fizzoti, 1977: 52)

Paciente Ênio
Apresentação e dados sobre o paciente

Ênio, cinqüenta e dois anos, é um profissional da saúde, com nível superior, e já quase no término de sua carreira profissional bem realizada. Teve uma vida profissional e familiar relativamente tranqüila. Sua mulher afastou-se dele por motivos profissionais. Os cinco filhos, já formados e na maioria casados, também buscaram seus interesses profissionais e familiares, deixando gradativamente a casa para Ênio, que continuou como única pessoa permanente no lar.

Ênio procurou tratamento em grave crise depressiva: passava os dias abatido, chorando muito e com desejo de suicídio expresso verbalmente várias vezes.

O tratamento foi feito com base apenas na Logoterapia sem uso de auxílio psiquiátrico farmacológico, pois o paciente foi reagindo positivamente nas consultas.

Sua religiosidade não estava reprimida, pois tinha boa formação religiosa, com base em leituras teológicas. Porém, sua ênfase era muito tradicional e legalista, o que provocava reação em seus familiares. Paralelamente ao desenvolvimento da psicoterapia, começou a participar de grupos de oração mais espontâneos que punham maior ênfase no amor a Deus. Procurou também ler livros de Logoterapia que não fossem muito técnicos e também livros religiosos com esta nova ênfase.

O problema familiar não foi resolvido, nem evoluiu positivamente; não foi possível fazer um atendimento psicológico com a família.

Do ponto de vista dos familiares, o quadro não se alterou, porém, Ênio optou livremente por manter-se fiel às responsabilidades familiares e ao juramento empenhado.

Atento aos progressos de ordem espiritual, assistiu palestras do Dr. Carlos José Hernández, autor do livro *O Lugar do Sagrado na Terapia*. Uma das palestras teve como tema central "A pedrinha branca do Apocalipse".

Ficou muito impressionado com estas palestras. Pessoa de grande afetividade, muitas vezes reprimida, encontrou, na visão mais profunda e afetiva de uma nova ênfase religiosa, uma das formas de sua realização.

O sonho ocorreu tempos após a palestra ministrada, num momento pessoal mais compatível com a mensagem do autor.

Relato e análise do sonho

Paciente: Sonhei com a "pedrinha do Apocalipse".

Terapeuta: O que é esta pedrinha?

Paciente: Sabes aquela palestra que Dr. Hernández deu e falou sobre a pedrinha que estava citada no Apocalipse onde diz que no final dos tempos Deus daria "pedrinha branca" que só ele e nós conheceríamos. Ela estava sempre mudando de lugar no meu sonho; às vezes escapava lá para o outro canto. E eu dizia para mim mesmo: "Eu vou conseguir alcançá-la. Ela vai chegar perto de mim". Esse sonho voltou duas ou três vezes na mesma noite.

Terapeuta: Como interpretas isto?

Paciente: Lembro a cor da pedrinha – era branca, mas a cor do fundo era tipo esta aqui, marrom. (mostra a madeira da mesa de trabalho da terapeuta)

Terapeuta: Por que salientas as cores?

Paciente: Porque o fundo era escuro; era o ambiente para destacar a pedrinha que era branca, "imaculada". Dentro do contexto que Hernández falou, a pedrinha é a "imagem do sagrado em nosso ser".

Terapeuta: E para ti isto como é?

Paciente: Sim; é também a imagem do sagrado. Se esta fosse plena, ela estaria dentro de mim. Porém, a imagem do sagrado está meio fraca em mim.

Terapeuta: Tu disseste que a pedrinha se movimentava.

Paciente: Sim, ela tinha um moto quase contínuo. Ora se aproximava, ora se afastava.

Terapeuta: Se a pedrinha é a imagem do sagrado dentro de ti, por que ora ela está perto e ora está longe?

Paciente: Próxima quando estamos mais próximos de Deus nos sacramentos e orações e mais longe porque a gente está cheio de pecados e imperfeições.

Terapeuta: Como tu te sentes quando ela está mais próxima?

Paciente: Eu me sinto em paz, distingo melhor as coisas. Também quando sou compreendido.

Terapeuta: E quando ela está mais afastada?

Paciente: Quando não estou bem, como se diz. Quando estou angustiado, com raiva ou fora de mim.

Terapeuta: Como qualificas este "ficar fora de mim?"

Paciente: Só aconteceu duas vezes. Uma vez no sítio e outra aqui em Porto Alegre. Peguei uma cadeira e dei uma batida forte com ela, por causa dos problemas lá de casa que tu já conheces.

Terapeuta: Exemplifica quando te sentes em paz.

Paciente: É quando eu chego a um discernimento e distingo melhor as coisas. É quando eu estou em oração, bem na presença de Deus, aí sinto que a pedrinha está perto. Mas no sonho ela não chegou bem perto, eu estava a fim de pegá-la na mão, mas não deu.

Terapeuta: Por quê?

Paciente: Eu estava curioso, queria ver o nome que estava escrito, ter a sensação dela na minha mão. E descobrir o segredo dela. O nome não deixa de ter um segredo.

Terapeuta: Um segredo?

Paciente: Sim, porque dentro do simbolismo da pedra há um segredo que é o mistério. Era minha vontade desvendar isto.

Terapeuta: Este mistério é desvendável aqui?

Paciente: O sagrado, este não se desvenda, só um pouco.

Terapeuta: O que mesmo este sonho quer indicar?

Paciente: Eu estou num processo de descoberta de Deus, mais intenso.

Terapeuta: E com relação a ti mesmo?

Paciente: Eu ainda não estou no lugar certo, na altura certa.

Terapeuta: Na tua vida, o que significa esta afirmação?

Paciente: São idas e vindas emocionais e às vezes pouca fé.

Terapeuta: Como interpretas, pois, o sonho?

Paciente: É que faço parte da história. Queria desvendar o "nome". Desvendar o "mistério". Cheio de indagações.

Terapeuta: Qual a revelação, o que há por detrás disso?

Paciente: Não sei. Pensando bem, cada pessoa é um mistério de Deus. Em geral, não se aprofunda nada, só se abordam as coisas superficialmente.

Terapeuta: O que podes fazer, na realidade?

Paciente: Esperar que a pedra fique imóvel, que não escape de mim.

Terapeuta: Importante é saber como vais chegar a ela?

Paciente: Fazendo o que estou fazendo, orando e crescendo interiormente. Assim chego a Deus.

Terapeuta: Como vês tudo isto?

Paciente: Como disse, foi um processo e é ainda um processo; quero, cada vez mais, me sentir melhor para me aproximar mais da pedrinha, isto é, de Deus.

Terapeuta: Lembras-te do início da terapia?

Paciente: É, lá eu estava confuso; agora tudo está claro, mesmo que muitos problemas não estejam resolvidos; esta dimensão religiosa é muito importante para mim.

Terapeuta: Concordo contigo, tem iluminado muito tua vida. É um grande sentido.

Comentário:

Ênio reproduz no sonho uma passagem do Apocalipse sobre a "pedrinha branca", na qual estava gravado um nome que ouviu na palestra do Dr. Hernández sobre a "Imagem do Sagrado" e que o marcou profundamente.

A pedrinha branca citada no versículo do Apocalipse passou a representar a "Imagem do Sagrado" no inconsciente espiritual de Ênio. Seria possível aqui parafrasear Hernández que afirma, de certa forma completando Frankl, que há uma sacrodinâmica. E comentando este sonho, Ênio alude ao mistério, que não é algo desvendável. Neste caso, Ênio compreende que está num processo de descoberta de Deus e que a pedrinha move-se num vaivém em direção a ele. Ênio afirma que queria desvendar o nome escrito na pedrinha, que no caso poderia ser o seu, conforme a promessa bíblica.

Ênio, rejeitado por alguém que ama – sua mulher –, perdera a intimidade com aquela que é o objeto de seu amor humano. Tendo sofrido a solidão dos que amam sem serem correspondidos, ouviu que alguém o ama com amor eterno e que, por meio desta relação, poderia passar por uma reconstrução de sua pessoa e de sua vida. E pela realização de valores e atitudes, no caso – sentindo a frustração da relação com a esposa, abriu-se para a relação pessoal com o "Tu Transcendental", numa relação de intimidade.

Ênio já tivera no passado vários sonhos religiosos, alguns naturalmente mais expressivos que outros. Foi escolhido este porque a questão de intimidade e do afeto eram fundamentais para ele.

Sua melhora da depressão durante o processo terapêutico foi admirável, pois já no início Ênio pensava em suicidar-se. Hoje, tendo encontrado o sentido transcendental, busca sua plenitude. O sonho evidenciou melhor a importância do sagrado em sua vida.

5 – O SENTIDO ÚLTIMO DA EXISTÊNCIA

5.1 – Fundamentação e sonhos

A Logoterapia pretende levar o homem a um retorno sobre si mesmo, como sujeito espiritual, isto é, "como espiritual subjetivo" (Fizzoti, 1977: 181); volvendo-se para a própria existência, indagando não só sobre os sentidos objetivos que expressem as diversas maneiras de existir, mas também sobre o sentido último da própria existência. A Logoterapia pergunta sobre o sentido do todo, o "sentido da própria vida".

Há uma tensão existencial entre a pessoa em tensão consigo mesma e o mundo, entre a existência subjetiva e o significado da vida. O destino último do homem não é ele mesmo.

Frankl lembra que a palavra latina "finis" significa não só fim ou objetivo, mas final ou término, e que o olhar numa direção "final" e a um objetivo posto no futuro transforma-se num apoio espiritual de preservar o homem da capitulação.

Ele próprio no "experimentum crucis" do campo de concentração, como prisioneiro, viveu os desafios de uma vivência do interminável, do desnudamento progressivo da existência, em que questionou o sentido de sua vida, de forma dramática e cruenta, chegando aos limites da possibilidade humana. (Xausa, 1986: 206)

> É a tensão da transitoriedade que faz indagar sempre e sempre caminhar, mantendo uma consciência aguda da condição de itinerantes, como peregrinos do Absoluto. E é esta questão do sentido da vida e da transitoriedade da existência que leva à busca do "Sentido Último". Tudo o que se diz ou se faz, de mais ou menos sensato ou absurdo, depende da solução deste enigma.

Frankl, "o psicólogo-prisioneiro", jogado numa situação-limite de sua existência, nos porões da humanidade, numa cela da prisão, em sua lenta agonia indaga sobre o sentido da vida:

"Em um último e violento protesto contra o inexorável de minha morte iminente, senti como se meu espírito transpassara a melancolia que nos envolvia; senti-me transcender àquele mundo desesperado, insensato, e de alguma parte escutei o vitorioso 'sim' como contestação à minha pergunta sobre a existência de uma intencionalidade última. E naquele momento, em uma franja longínqua acendeu uma luz, que ficou ali fixa no horizonte como se alguém a houvera pintado, em meio do gris miserável daquele amanhecer na Baviera. **Et lux in tenebris lucet**, e a luz brilhou em meio à obscuridade." (Frankl, 1982b: 48)

A transitoriedade, portanto, inclui os conceitos de mortalidade e de temporalidade, como desafios à atitude do homem frente à vida e ao sentido de sua própria vida. O continuar consciente da mortalidade impede de se fixar na provisoriedade das coisas e nos fatos da própria vida. A escravidão do cotidiano e o absolutismo das tarefas aparecem como ridículas diante da mortalidade na caducidade da vida. Conforme Boss, a lembrança da possibilidade de existir "tendo-que-morrer" dá a possibilidade de tornar-se consciente desta mortalidade e de obter o verdadeiro significado da vida, percebendo cada momento como irrecuperável.

A Logoterapia, como análise existencial, não só indaga, mas leva em conta a transitoriedade essencial da existência humana, sua atitude frente à vida temporal, à morte, sua angústia existencial, sua inquietação ou nostalgia de infinito, na busca de um sentido último da existência. Considera a tensão do paradoxo entre o conformismo e a fuga, o desespero e a esperança, como temas vitais de sua própria psicoterapia. Não raro se depara com a questão do desespero, mas afirma a esperança no poder de resistência do espírito humano e aponta para o Absoluto. Em Frankl encontram-se semelhanças com o pensamento de Gabriel Marcel, quando este mostra a solução paradoxal do desespero na esperança absoluta. (Xausa, 1986: 208)

"Ela se apresenta como resposta da criatura ao ser infinito. [...] Desde o momento em que eu me abismo ante o tu absoluto, que com uma condescendência infinita faz-me sair do nada, parece que já para sempre proíbo-me de me desesperar, ou com maior exatidão, que marco a desesperação possível como um selo de traição, tal qual como não poderia abandonar-me a ela sem pronunciar minha própria condenação. Que seria em efeito esta perspectiva de desesperar, senão declarar que Deus se retirou de mim?" (Marcel, 1954: 52)

Ao aceitar a incapacidade de compreender o "super-sentido", Frankl afirma que o homem desiste da idolatria do intelecto e adverte que é necessário não dar à razão o valor absoluto, para não cair no racionalismo. Uma antropologia, ou seja, a teoria da existência humana, não poderá deter-se apenas na existência e no imanente ao homem e não deverá prescindir da idéia da transcendência humana, pois, para a elevação do humanismo só é preciso ir além do sentido, em busca do "super-sentido".

"A Logoterapia encontra sua legitimidade no fato de que ela não se ocupa apenas da vontade de sentido, mas também da busca de um sentido final, um meta-sentido. E a fé religiosa é, em última análise, a crença do meta-sentido." (Frankl, 1978: 258)

O caminho para o homem encontrar o sentido de sua vida ou o "sentido último" pode ser tanto por meio de situações vitais como pela análise existencial, embora somente cada pessoa, individualmente, possa encontrá-lo.

Frankl lembra aos praticantes da Logoterapia que ela ajuda a encarar os problemas da vida numa dimensão mais elevada. Sobre essas instâncias e os rumos infinitos do homem finito, diz Pareja Herrera:

"A análise existencial deixa aberta outra porta que, em certos casos, nos remete à explicação de uma instância dimensional diferente da humana – a supra-humana, a suprapessoal ou aquela que desde há milhares de anos o ser humano denomina de Deus. É nesta dimensão onde o ser humano questiona a teologia de sua vida, o sentido último de seu ser-no-mundo e de sua esperança ... vivido às vezes como uma esperança contra toda esperança." (Pareja Herrera, 1984b: 456)

Não há relato na literatura sobre análise de sonhos sobre alguém que tenha explicitado o sentido último da existência.

O problema da temporalidade e finitude da existência humana é sempre objeto de reflexão de qualquer paciente. As análises existenciais e, mais precisamente a Logoterapia, tratam destes temas com a profundidade que eles merecem.

Paciente Hermínio
Apresentação e dados sobre o paciente

Hermínio, cinqüenta e dois anos, alto, de aparência forte, é casado com uma senhora da mesma idade e pai de cinco filhos. É diretor-presidente de um grupo de lojas.

Sua formação é de nível secundário e nos primeiros anos da vida profissional exerceu o magistério. De família muito pobre, resolveu compensar suas dificuldades financeiras dedicando-se ao comércio, no qual teve grande sucesso financeiro. Este, porém, não abafou sua capacidade crítica e até irônica com que julga os valores da sociedade capitalista. Permaneceu fiel aos valores que o norteavam quando era professor de aldeia e, embora participante da elite social de uma cidade industrial, é um desadaptado ao grupo do qual participa. Seus valores e ideais mais íntimos não são conhecidos nem pelos membros de sua família, que se beneficiam das vantagens financeiras que gozam. Por este sentimento de desadaptação e amargura procurou o tratamento.

Fazia sempre longas análises críticas sobre os comportamentos de familiares ou pessoas na sociedade que se apegavam às coisas transitórias. Era católico de formação, mas em adulto não manifestou nenhum vínculo religioso. Durante as consultas falava de pé e caminhava de um lado para outro. No fim de uma consulta crítica, porém correta, perguntava à terapeuta: "Estou certo ou errado?". Muitas vezes a terapeuta o chamava de "filósofo". Realmente era um filósofo em estado natural, não refinado. Pelo seu porte, seu vozeirão, sua crítica e sua busca de autenticidade, lembrava o escritor Leon Bloy em estado primário.

Todos os seus sonhos tinham um conteúdo valorativo e revelavam uma busca de autenticidade.

Relato do sonho

Paciente: Esta noite sonhei que estava num cemitério, que era completamente diferente dos outros. Era no interior de um casarão. O assoalho era liso e os túmulos ficavam embaixo, no subsolo. Existia só uma demarcação através de um risco nas lajotas do piso. Quando se precisava enterrar alguém seguia-se o risco, tirava-se uma lajota e o buraco já estava feito. Após o enterro fechava-se o buraco com terra e recolocava-se a lajota como estava. Em cima era um salão; não dava a impressão de ser um cemitério; não havia cruz. Era uma coisa diferente, mas normal. Parece que tinha morrido alguém. Eu estava pedindo explicações de como se deveria fazer. Eu e outras pessoas estávamos lá para preparar uma nova cova, mas sem cerimonial, sem nada.

Análise do sonho

Terapeuta: Qual a sua impressão sobre este sonho? O que ele estaria querendo dizer?

Paciente: Primeiro eu me lembro que havia na nossa zona, junto da igreja, um salão de comemorações. Era um salão comunitário.

Terapeuta: Por que o senhor pensou logo no salão? O que o salão lhe desperta?

Paciente: É que, em terra de gringo, um salão de encontros é um pedaço de vida.

Terapeuta: E que pedaço de sua vida esteve ou está ligado ao salão?

Paciente: Eu estudei num colégio de padre e a gente se reunia num salão. Hoje minha distração é jogar em um salão e minha loja é um salão. Ah! É isto aí! Ontem estava pensando uma coisa e acho que se liga com isto aí. Os meus filhos saíram e eu fiquei cuidando da loja que é um salão. E eu fiquei pensando: "Como consegui fazer tudo isto tão grande!" É, o salão era a loja!

Terapeuta: E o que a loja é na sua vida?

Paciente: Era para ser bem diferente. Fiz a loja para funcionar bem diferente. Estavam três balconistas trabalhando ontem, mas não faziam o que deviam. Não sabem atender aquele povo sofrido e carente. E eu vendo isto e pensando nos problemas da família, disse assim: "Eu deveria ter nascido morto". Pois tudo funciona contra os meus princípios. Eu vejo, em geral, que as pessoas não têm bagagem sobrenatural.

Terapeuta: Por que o senhor tem este sentimento de ter que nascer morto?

Paciente: Ou se morre em paz ou se morre com remorso.

Terapeuta: Que relação tem tudo isto: Cemitério? Nascer morto? Morrer em paz?

Paciente: É que eu tenho que engolir todas as coisas malfeitas. Tomei a decisão de não fazer nada mais por aquela loja. Vou me omitir de tudo.

Terapeuta: Por quê?

Paciente: É que vejo que meus pontos de vista não são compreendidos e executados e, neste caso, devem ser enterrados.

Terapeuta: E como o senhor se sente?

Paciente: Um cadáver, enterrado.

Terapeuta: Um cadáver?

Paciente: Sim, um cadáver enterrado num túmulo de mármore, o mais caro. Os túmulos de mármore são para os outros olharem e acharem bonitos. As pessoas olham o túmulo e não lembram das pessoas. Pouco importa o que a pessoa pensava.

Terapeuta: O senhor está sentindo isto na sua vida?

Paciente: É que eu tenho que me adaptar às coisas do mundo. Os meus bens, o dinheiro, o automóvel, a roupa, não servem para coisa nenhuma.

Terapeuta: Por quê?

Paciente: Porque nada valem. São aparências. Eu conquistei tudo isto, mas não servem para nada.

Terapeuta: Eu conheço suas conquistas na vida. Muitas vezes o senhor tem refletido sobre elas. Mas eu lhe pergunto: Se tudo isto não vale, o que realmente tem valor?

Paciente: A paz, a paz que eu busco, mas não acho. Depois de conquistar tudo, vi que não tinha paz.

Terapeuta: E como encontrar a paz?

Paciente: Já vi que não é nada nas aparências, a coisa tem que vir de cima, ou melhor, de dentro – do espírito – que é fermento, apesar das coisas desagradáveis que me cercam.

Terapeuta: Bem. As coisas que o cercam, as pessoas que o incomodam e as circunstâncias da vida fazem parte de sua situação existencial. Como, apesar delas e com elas, o senhor vai resolver o seu problema, e mesmo com estas circunstâncias seguir em busca de paz e ver como deixar o fermento agir?

Paciente: Penso na vida. O fermento que é o espírito e que é o importante. Assim como o fermento faz crescer o pão, o espírito dilata a vida.

Terapeuta: Qual, pois, é o valor de sua vida e que importância tem o fermento?

Paciente: Tudo o que se conquista material e socialmente é aparência. Na paz está o valor da vida. No espírito, este sim, é donde se tira a força para viver.

Terapeuta: Sim.

Paciente: A vida vale pelo fermento que é o espírito.

Terapeuta: E que significado ele tem; o que é?

Paciente: Acho que o espírito vem de um Ser Superior e vai para Ele. E nós temos comunicação com Ele.

Terapeuta: E como o senhor chama este Ser Superior?

Paciente: Deus. Ele tem muitos nomes em várias religiões, mas não importa agora.

Terapeuta: O senhor disse: vai para Ele?

Paciente: Sim. Este é que deve ser o nosso fim e não o cemitério.

Terapeuta: O senhor está me dizendo que o sentido último de nossa existência é um Ser Superior que o senhor chama de Deus. Ao mesmo tempo, me falou como todas as coisas são passageiras e transitórias na vida, não é?

Paciente: É. Estou pensando que nesta idade e depois de muitas conquistas e frustrações, que a paz da vida está na busca da realização do fermento, quer dizer, do espírito em combinação com este Ser Superior.

Terapeuta: Realmente, seu Hermínio, hoje chegamos a uma descoberta muito importante.

Paciente: É realmente muito importante.

Terapeuta: E agora como se sente? Acha que ainda está enterrado ou no cemitério como falava no início?

Paciente: Não. O que é aparência, sim, acaba. Mas o fermento dá a vida.

Terapeuta: Se o fermento dá a vida, deixe que ele se expanda em sua vida para que o senhor possa vivê-la em todas as circunstâncias.

Paciente: Valeu. Valeu muito hoje a consulta. Vim muito deprimido e angustiado, mas agora acho que estou no caminho certo, fazendo descobertas fantásticas.

Terapeuta: Muito me alegro. Agora, o importante é pô-las em prática.

Comentário:

Sem a análise, o sonho de Hermínio ficaria entendido incorretamente. Não resta dúvida de que o sonho trata da finitude e da transcendência humana. Porém, foi a análise do sonho que enriqueceu seu conteúdo, enquanto o paciente explicita o permanente sentimento de transitoriedade em geral e questiona a validade das aparências materiais para reafirmar o valor do espírito.

O sonho do paciente Hermínio não deve ser visto como algo isolado ou casual. Este paciente, não só pela reflexão e pelo diálogo, como também pelos sonhos, já vinha elaborando suas indicações sobre o sentido da vida e a ausência de sentido, a vida vivida para as aparências, a inversão de valores na sociedade, etc.

Foi trabalhando com as forças do espírito, na prática da Logoterapia, que se conseguiu fazer o espírito emergir na vida de Hermínio. Quando ele diz que "o espírito dilata a vida" é uma afirmação do quanto ele mesmo experimentou esta situação em sua vida.

O sonho de Hermínio é uma síntese de todos os seus questionamentos anteriores e um "insight" que permitiu ao paciente vislumbrar o Sentido Último.

Frankl, em sua definição operacional sobre religião, diz que engloba até o agnosticismo e o ateísmo; que discute a religião como psiquiatra, ao considerá-la um fenômeno humano, especificamente o maior de todos os fenômenos humanos, que é a vontade de sentido. Diz Frankl:

"A religião, de fato, pode ser definida como a realização de uma **vontade de sentido último**." (Frankl, 1992: 89)

Em conclusão, vê-se que os sonhos aqui relacionados e sua análise logoterápica serviram para demonstrar o seguinte:

a) evidenciaram que ambos podem ser usados como recurso eficaz na psicoterapia;

b) que é possível desvelar o inconsciente chegando este caminho à consciência e ao inconsciente espiritual.

Considerando, pois, o trabalho com os noodinamismos, pôde-se trabalhar, tendo sempre presente a verdadeira dimensão humana, que está situada para além da psicosfera, que é a dimensão noética. Não se pode esquecer que Lukas afirma que durante muito tempo a dimensão psíquica foi considerada, por excelência, a única dimensão humana. E conclui que hoje

> "[...] algo precisa vigiar e até dirigir a dimensão psíquica do homem, impor limites éticos à sua instintividade; e este algo é a **dimensão espiritual do homem**." (Lukas, 1992a: 209)

PARTE II

1 – Caso Fabiano: análise dos sonhos numa psicoterapia

"O homem elabora a matéria com que o destino lhe brinda; umas vezes criando e outras vezes vivendo ou padecendo, se esforça por desbastar sua vida o mais possível para convertê-la em valores de criação, vivência ou de atitude." **(Frankl)**

"Os sonhos não são independentes uns dos outros. Eles expressam os três pontos vitais pelos quais estou me debatendo e que devem ser plenamente resolvidos. Eu só posso crescer desenvolvendo os três harmoniosamente – a minha sexualidade, a minha criatividade e a religiosidade." **(Fabiano)**

1.1 – Encontro existencial da terapeuta com Fabiano

Fabiano apresentou-se uma certa manhã ao consultório. Era um jovem de vinte e quatro anos, alto, magro, com cabelos longos e desalinhados e um olhar profundo. Vestia-se sem cuidado, usava shorts e chinelos de praia.

Ao entrar não estendeu a mão para cumprimentar, permaneceu em pé ou caminhando de um lado para outro e disse:

– Estou aqui, não por minha vontade. Não acredito nisto aí. Gosto de ser autêntico e não vejo nada o que possa fazer comigo. Como minha mãe insistiu, eu vim. E daí?

A resposta foi que também não era hábito receber nenhum paciente obrigado. Que ele só poderia ficar se pudesse optar livremente, naquele instante, pela consulta e somente depois, pelo tratamento. Mas que, ao vê-lo, já era possível selar o encontro entre duas pessoas que se cruzam em suas existências e, como ponto fundamental, gostaria de manifestar respeito por sua liberdade e, em especial, por sua pessoa. Caso quisesse ficar, para dialogar, seria solidária com ele, à disposição para ajudá-lo.

Fabiano olhou seriamente e aceitou ficar, porém, advertiu, com o objetivo de ver a reação da logoterapeuta, que seria chocante com as coisas que ia contar – que usava drogas e que não gostaria de que ninguém interferisse em sua vida. Disse:

– E, é só livremente que eu aceito. Vamos lá... ver o que é isto. Mas no momento em que minha liberdade for tocada, me afastarei. Quero descobrir as coisas por mim.

A resposta foi que sua vida pertencia só a ele, que a direção que desse à sua vida teria de ser pessoal e livre; que a terapeuta não estava à espreita de problemas, mas, sobretudo, gostaria de se manifestar para ajudá-lo a descobrir sua dignidade de pessoa humana, que ele merecia respeito acima de todas as circunstâncias.

Como para testar, ele contou cenas muito cruas.

Foi ouvido com atenção, em silêncio, com manifestação compreensiva e solidária com ele, enquanto ser humano. No fim, ele se despediu, dizendo que voltaria, pois havia gostado da atitude da logoterapeuta.

Depois desse encontro inicial, teve início um tratamento logoterapêutico, contando com duas sessões semanais e sem o auxílio de tratamento psicofarmacológico. Foi intuído, de início, o que depois confirmou-se, que sua depressão era psicológica e que, na raiz, encontrava-se uma frustração e um vazio existencial de uma vida carente de sentido, em questionamento relativo a valores éticos decorrente de alguns que lhe foram impostos por outros. Era um jovem contestador, derrubara valores tradicionais, mas não os havia substituído. Também era portador de um vazio afetivo, causado especialmente pelo repúdio do pai, procurando compensação numa afetividade desregrada.

Ainda não descobrira o valor de sua vida e, em conseqüência, o rumo que poderia dar a ela.

1.2 – FASES MARCANTES DO TRATAMENTO DE FABIANO

Ao longo das etapas do tratamento logoterápico houve uma tomada de posição de Fabiano perante si mesmo: mau relacionamento com a família, comportamento sexual promíscuo, uso de drogas, depressão profunda, autodescoberta, criatividade artística desenvolvida no Curso de Artes Plásticas num ateliê de artes, realização de valores vivenciais e atitudes frente a seus familiares.

A penúltima fase é marcada pelo desenvolvimento de sua personalidade, questionamento filosófico, social e teológico de grande profundidade, comprometimento com a comunidade pela participação efetiva em grupos de estudo, desbloqueio de sua religiosidade e descoberta do sentido da vida.

Após ter recebido alta, Fabiano voltou ao consultório já tendo experimentado a vivência da transitoriedade de sua existência, por ser portador de HIV. Neste momento houve o começo do trabalho com o sentido da vida e da morte.

A abordagem do tratamento se constituiu de sessões de psicoterapia, em que, paralelamente, foram trabalhados os sonhos, nos quais puderam ser apreciados os psicodinamismos com a descoberta de valores, sentido, criatividade, etc., presentes no recôndito da psique e no espírito da pessoa do paciente.

Revendo os sonhos analisados por Fabiano, da seqüência, dentre vinte e dois sonhos, onze foram considerados os mais significativos das fases do tratamento que o levaram ao centro de si mesmo como pessoa, como artista, como ser transcendente, numa perspectiva humanístico-existencial.

2 – Fundamentação teórica

2.1 – O HOMEM E A SEXUALIDADE

No capítulo intitulado "A Desumanização do Sexo"[13], do livro *Um Sentido para a Vida* (1989), Frankl faz uma distinção importante:

> "Não se pode falar de sexo sem falar de amor. Todavia, quando falamos de amor, devemos lembrar-nos que este é um fenômeno especificamente humano." (Frankl, 1989b:73)

Frankl critica a consideração do amor como sublimação de impulsos e instintos sexuais que o homem tem em comum com os animais. Para Frankl, esta maneira de entender constitui um reducionismo, isto é, um procedimento pseudocientífico que transforma os fenômenos humanos em redução a ou dedução de fenômenos sub-humanos. Sustenta ele que tal interpretação bloqueia a possibilidade de um entendimento adequado do fenômeno humano.

O criador da Logoterapia contraria os conceitos de princípio do prazer, do recalque e transferência de Freud, assim como de busca de poder, como um valor pessoal de Adler, os quais podem transformar o outro como meio de obtenção de prazer ou de poder. Tais psicologias, segundo Frankl, pretendem reduzir a relação eu-tu de duas pessoas a uma relação do *id*, cuja finalidade não é amar alguém, mas uma parte de si mesmo.

Portanto, para Frankl o que realmente impulsiona o homem não é a vontade de poder, nem a vontade de prazer, mas, sim, a **vontade de sentido**, que é a razão para ser feliz. O homem é impelido pelo impulso, mas puxado pelos valores.

Como se pode ver, está explicitada a distinção entre a visão das teorias psicodinâmica e noodinâmica, isto é, de ênfase psicanalítica e analítico-existencial ou Logoterapia. A primeira mostrando o ho-

---

13. *O capítulo "A desumanização do sexo" é uma versão revista e ampliada do texto "Love and Society", traduzido para o japonês e publicado no volume* Pathology of Modern Men, *editado por Sadayo Ishikawa, Tokio, Seishino Shobo, 1974.*

mem como ser impulsionado pelo instinto, e a segunda, como um ser atraído pelo sentido e pelos valores. De um lado, um ser determinado; de outro, um ser-que-se-decide livremente.

Frankl afasta-se, pois, daqueles que afirmam que o homem é impulsionado para a luta ou para obter equilíbrio com o objetivo de gratificar seus impulsos. A vontade de sentido, pois, tem sido contraposta à vontade de prazer explicitada nas teorias psicanalíticas e comportamentalistas, e à vontade de poder da psicologia adleriana.

Frankl afasta-se, ainda, das teorias motivacionais de auto-realização, pois estas, da mesma maneira que o prazer e o poder, só podem ser obtidas como efeitos colaterais, mas não podem se transformar em fins. Isto também se aplica aos conceitos de desenvolvimento de potencialidades. Considera ele racionalização secundária, por exemplo, o fato de se afirmar que o interesse por realizar um sentido da vida seja um meio de concordar com a situação edipiana de infância. (Xausa, 1986)

Nesta linha, relata dois exemplos expressivos, resultado da observação de cientistas de renome sobre o comportamento sexual dos animais. Um deles, evidenciado por Irenaeus Eibl-Eisberfeldt (1970), ao observar o comportamento sexual dos vertebrados, particularmente dos primatas que vivem em grupos, verificou que o comportamento sexual deles servia para a coesão do grupo, isto é, um fim social. Declara o cientista:

"Assim, para certos macacos às vezes o contato sexual serve exclusivamente a um fim social. Para os humanos não há dúvida que as relações sexuais se prestam não apenas para a propagação da espécie, mas também para a relação monogâmica entre os parceiros." (Eisberfeldt, *apud* Frankl, 1989b:74)

Donde conclui Frankl que sendo o amor um fenômeno humano em sua real natureza, o sexo humano, para ser exercido como tal, necessita ser o resultado de um processo de desenvolvimento, isto é, ser o produto de uma maturação progressiva.

A psicologia racionalista deixava de lado a psique. Esta "psicologia sem psique" foi superada, mas Frankl critica ainda o que denomina de "psicologia sem logos", uma psicologia que interpreta o comportamento humano não como induzido por razões existentes fora do indivíduo, na realidade exterior, mas, sim, como conseqüência de causas que operam no interior de sua psique (ou soma). E, como ainda assinala, "causas não são o mesmo que razões".

Exemplificando, lembra que se alguém está infeliz e toma uma bebida, esta poderá causar, temporariamente, o desaparecimento da infelicidade, mas a razão pela qual se sente infeliz permanecerá. O mesmo poderá se aplicar ao uso de um tranqüilizante por quem está de luto. Momentaneamente, poderá ser aliviada a angústia, mas não se poderá fazer cessar o luto, nem resolver a perda nem mudar o destino da pessoa. Sugere ele que seja transformado o sofrimento em conquista ao se tratar de pessoa humana. As outras atitudes são baseadas em algumas correntes de psicologia que divorciam o homem da realidade. Estas psicologias, pretendendo seguir o princípio da realidade, se afastam cada vez mais dela.

Frankl preconiza uma psicologia que considera o homem dentro de sua verdadeira realidade, na qual seu agir pode ter razões e seu sofrimento pode encontrar sentido. E diz o "psicólogo do logos":

> Uma psicologia que vê o homem como um sistema fechado, no qual atua um jogo de dinamismos, e não como um ser que se empenha na realidade de um sentido que coroa sua existência – tal psicologia deve necessariamente privar o homem de sua capacidade de transformar uma tragédia em triunfo." (Frankl, 1989b:64)

Hernández também se refere a este processo de maturação apoiado em Kohlberg, discípulo de Piaget, o qual trabalha com os critérios de moral pré-convencional e pós-convencional. Sem se deter nas etapas de maturação, ao referir-se a este processo, Hernández o faz, ilustrando-o com uma pequena história:

"Conta-se que num país avançado, onde se ensina sexualidade (tal como na Dinamarca, Suíça), uma professora ensinava para uma classe de alunos de oito cursos, sobre a sexualidade, falando sobre a genitalidade e também sobre a conduta sexual adulta, quando um aluno interrompeu e perguntou: – 'Professora, quando um homem chega para uma mulher e tem relação sexual com ela, ele pode comer chocolate?'." (Hernández, 1990b:3)

Isto prova que há uma necessária evolução na conceituação da sexualidade. Analisando a história, Hernández mostra que podemos manter a sexualidade presa a um modelo moral pré-convencional. Uma será a sexualidade vivida sempre sob um conjunto de normas que foram impostas. Outra é a sexualidade classificada como convencional e que é a sexualidade alcançada, quando adquirimos certa maturidade: são conhecimentos que todos temos, são as práticas sexuais vividas como boas e socialmente aceitas. Há ainda uma sexualidade pós-convencional, que se expressa na vida de uma união monogâmica ou do casal que ama e desenvolve sua sexualidade dentro de um terreno de maior afetividade, criatividade e liberdade.

A questão da maturidade sexual não é vista da mesma maneira por algumas escolas de psicologia. Freud, não resta dúvida, foi o grande agente intelectual da "desrepressão sexual", necessária na era vitoriana envolvida em tabus sexuais e morais. Mas, certamente, Freud também está sendo a causa primeira de um fenômeno que passou a ser incontrolável que é, segundo Frankl, a hipertrofia da libido – "a inflação do sexo".

Ocorre, assim, que a toda inflação está associada a desvalorização e, portanto, o sexo se torna desvalorizado à medida que é desumanizado. A conseqüência, para Frankl, é a vivência de uma vida sexual não integrada na vida pessoal, mas apenas como busca de prazer. O prazer e a felicidade são produtos de algo e não fins ou metas. Tanto a busca pode ser frustrada por uma autofalência decorrente de uma imaturidade sexual, como também de uma pseudovisão da sexualidade humana, como ainda de um pseudo-sentido da afetividade ou do vazio afetivo que radica no vazio de sentido do amor, na busca de objetivos individualistas e não das riquezas da autotranscendência do conviver e do amar plenamente humanos.

Relembremos aqui que a Logoterapia, em sua visão antropológica e ontológica, considera o homem como uma unidade tridimensional: corpórea-psico-espiritual (noética). Portanto, a maturidade humana só poderá ser abrangente nestas três dimensões.

Enquanto se fala em sexualidade se faz referência à manifestação corpórea de um ser que poderá expressar por meio dela não só seu organismo biológico, mas também os afetos que emanam de seu psiquismo. Igualmente, a expressão mais humana e sublime do amor vê na união de dois seres não apenas uma descarga de tensões, um ato de propagação da espécie, uma união que sirva para fins sociais ou um encontro afetivo de dois amantes enamorados para fruir momentos de ternura; mas algo mais que na intimidade clama por unicidade e eternidade do amor e que realiza a transcendência da vocação humana plena de sentido.

Esta maturação sexual exige uma verdadeira educação sexual, que inclui também, entre outros fatores, um sadio desenvolvimento da própria identidade, um reconhecimento da auto-estima e uma identificação com modelos para poder assumir a própria sexualidade e dos valores que são descobertos, aceitos e seguidos.

A identidade também requer o reconhecimento do outro. Sendo assim, desde o nascimento, a forma como se é tratado e recebido na família e na sociedade será também um dos fatores a influir na identificação sexual da pessoa.

"É no encontro desse corpo que está nascendo e começando a desenvolver com a linguagem da família e da sociedade que a sexualidade vai ser tecida. E aí entram então as palavras e os gestos de amor, ternura e aceitação. Ou de rejeição, indiferença e hostilidade. Vai-se formando então a trama que mistura o crescimento físico, psicológico e espiritual, de modo que palavras e carne não se distinguem mais. Elas vão formando um tecido único. O desenvolvimento físico se dá à medida que o corpo se desenvolve. É o trato que a criança tem na família que vai determinar esta identidade!". (Faria, 1990:4)

Para Faria, a questão inicia-se na maneira como é tratado o corpo, seja de uma linguagem não-verbal, por intermédio de expressões afetivas, até as expressões verbais, a partir do nascimento até a maturidade plena. Estas expressões refletem o amor sob várias formas, que Hernández denominou "discurso da ternura". Uma ternura que se recebe e que se dá.

Por outro lado, a informação sexual está cada vez mais difundida e oportuna. Faz-se necessário, porém, que ela não seja somente baseada nas boas explanações de funcionamento sexual, órgãos genitais, concepção, gravidez, parto, métodos anticoncepcionais, prevenção de doenças sexualmente transmissíveis, etc., mas que abarque todas as necessidades educacionais afetivas e amorosas das relações familiares, ademais de conceitos eticamente corretos e cientificamente adequados. A educação sexual não deve nem pode estar apenas vinculada à informação, pois, como afirma Faria "a sexualidade sadia é respirada no ambiente familiar e não aprendida intelectualmente." (Faria, 1990:5)

Enquanto a educação sexual sadia é necessária e se faz mister em todas as instituições educacionais, quer sociais ou religiosas, há, de forma paralela e inflacionária, uma pseudovisão de sexualidade amplamente difundida, pelos resultados de pesquisas não científicas sobre o comportamento sexual de modelos estereotipados criados pela mídia e que aparecem na forma de histórias inatingíveis e ideais; é uma visão sexual charmosa, mas artificial. É o mito do sexo buscado como fonte inesgotável de prazer e indício de progresso. Esta hipocrisia em matéria sexual é desmistificada por Frankl – ao incentivar a liberdade sexual sem limites, incentiva-se, igualmente, a oportunidade de ganhar, sem limites, à custa da propaganda sexual.

Outro problema sério relacionado com a liberalidade sexual, hoje tornada uma forma de libertinagem, é o problema do "vazio existencial", cada vez maior em nossa cultura hedonista, tanto trazido algumas vezes pela busca incessante de prazer no mais amplo sentido e que acaba num gosto amargo de felicidade nunca alcançada, quanto por uma busca do sucesso sexual como uma idolatria que contribui, como já demonstrado, para o crescimento de neuroses sexuais cada vez mais freqüentes. Isto sem se deixar de considerar a relação trágica, hoje presente no mundo, entre sexo e morte daqueles que usam o sexo como uma arma contra si mesmos ou contra os outros, aumentando também o número de assassinatos passionais, abortos, suicídios ou morte por doenças graves, com destaque, como por exemplo, ao flagelo de nossa época, a AIDS.

Não negando a realidade atual e sem refugiar-se num romantismo ideal, a Logoterapia enfatiza o valor da sexualidade integrada com a afetividade (eroticidade) e envolvida pelo amor. Sem repressão sexual e sem retrocessos científicos, afirma uma liberdade sexual vivida em termos de responsabilidade – a responsabilidade consigo mesmo e com o outro vivida autenticamente, numa expressão de autotranscendência humana.

Somente assim a sexualidade, que é condição "sine qua non" para o nascer da vida, será também condição para defender e enriquecer a vida, expressando não mais a relação "sexo e morte", mas, sim, a relação "sexo e vida".

Com o que valeria lembrar dos versos finais de Madre Tereza de Calcutá, dirigidos aos seus filhos aidéticos para os quais se dedicou, indo muito além do amor[14]:

"A vida é uma aventura, ouse-a.

A vida é felicidade, mereça-a.

A vida é a vida, defenda-a".

(Madre Tereza de Calcutá, *apud* Lapierre, 1991:327)

---

14. Muito além do amor *é o título do livro de Lapierre, que relata a luta histórica de cientistas, religiosos e doentes contra a AIDS desde o início de seu aparecimento.*

2.2 – Resumo de sonhos sobre sexualidade

Fabiano sonhou com uma carroça. Ela carroça estava cheia de hortaliças e frutas e dirigia-se por uma estrada que andava à beira do barranco. A carroça era conduzida por um carroceiro que se esforçava para não deixá-la escorregar porque o barranco dava para um abismo. O trajeto era muito perigoso e custava muito manter em ordem as hortaliças lá dentro, as quais se sacudiam para um lado e para o outro, misturando-se todas. A estrada subia e descia sempre à beira do abismo. No fim, a carroça chegava a uma encruzilhada com uma ponte, mas ela não cruzou a ponte. Ficou ali. A encruzilhada era a possibilidade de escolha por um caminho. Em certos momentos a carroça chegava à beira do abismo com muito risco de cair.

Significado do sonho

O paciente relacionou a estrada com sua vida. Era assim que ele se sentia, à beira de um precipício por causa da depressão que o conduzia a pensar em suicídio. O carroceiro tentava escapar do abismo, procurando sair daquele barranco, mas a carroça era pesada. As hortaliças e frutas estavam muito desordenadas e, para o paciente, correspondiam à sua sexualidade desordenada. O carroceiro era louco e, portanto, não confiável. O paciente não percebeu o simbolismo do risco do barranco nem o terapeuta chamou atenção para isso, pois ainda não teria condições para ver claramente esta situação de perigo de vida descrita no sonho.

2.3 – Sentimento de castração

Resumo do sonho

Fabiano fora consultar um médico. Parecia ser um consultório de médico obstetra, pois na sala de espera se ouvia o choro de nenês recém-nascidos. Quando ele entrou no consultório foi colocado numa mesa para fazer exame ginecológico, como se fosse uma mulher. Estando assim na mesa veio o médico, com avental e rosto tapado, para proceder ao exame; a vestimenta coincidia mais com a de cirurgião. O médico ia praticar um aborto no paciente. Neste momento ele relata que aconteceu uma cena "apavorante", pois o médico transformou-se em seu próprio pai e, ao invés de retirar o feto, que não encontrou, retirou-lhe abruptamente o seu pênis.

Significado do sonho

Fabiano mostrou sua aversão pelo pai, que era um tipo de machão e que não aceitava o filho desde pequeno por ser frágil e sensível. Por outro lado, na vida privada do pai havia um fato sigiloso que expressava uma agressividade muito grande e que chocava muito Fabiano. Fabiano reconhecia que, tanto consciente como inconscientemente, sempre procurou ser uma pessoa oposta ao pai e manifestava seu repúdio por ele.

Reconciliação com o pai

Um dia Fabiano entrou no consultório muito alegre, com um papel de bloco na mão, sacudindo-o como uma bandeira e dizendo: "Olha aqui, o sonho que faltava. É um sonho autoperceptivo. Pode apresentar o meu caso como estudo".

Relato do sonho

Paciente: Eu estava com outra pessoa. Notei que meu pênis tinha caído. Peguei-o na mão e fiquei com muito medo, afinal eu estava "mutilado". Olhei para o meio das minhas pernas e nada... Só havia pêlos. Tentei colocar o pênis no lugar, mas ele não prendia, escorregava. Havia uma marca no local onde ele deveria ficar. Pus uma base na marca e procurei firmar o pênis com a cueca, mas ele voltou a escorregar. A cada minuto que passava eu ficava mais desesperado, pois o meu pênis estava morrendo na minha mão. Foi quando apareceu o meu pai. Ele pegou o pênis e colocou-o no lugar certo. Prendeu com esparadrapo para dar firmeza. Depois pôs mercúrio na ferida. Pensei que o mercúrio fosse ressecar tudo, mas não! Fiquei tranqüilo, porque tive certeza de que ficaria bom com este tratamento.

Análise do sonho

Terapeuta: Como interpretas isso?

Paciente: É o inverso daquele sonho do aborto. Por isso estou contente!

Terapeuta: Parece que quando resolveste o problema de relacionamento afetivo com o teu pai, conseqüentemente, também resolveste o teu problema.

Paciente: É, eu nunca sonhei um sonho tão na cara. Pronto. Está tudo claro. É, o tratamento já começou. É a psicoterapia.

Terapeuta: Disseste que o sonho era autoperceptivo, não é?

Paciente: Sim. Após minha reconciliação com o pai, comecei a me sentir melhor. É como eu me vejo e como eu estou me sentindo agora.

Comentário explicativo

Fabiano relembrou sua relação com o pai. No início, Fabiano não tinha nenhuma relação com ele. Ambos se rejeitavam. Na psicoterapia, esta relação com o pai foi trabalhada. Procurou-se não só analisar as causas destes sentimentos, mas também a forma de solução por meio de um resgate dos sentimentos paterno-filiais. Em tempos anteriores a este sonho, numa das consultas, Fabiano contou o fato que gerou sua reconciliação com o pai e agora relembrou-o. Seu pai sofreu uma "angina pectoris" violentíssima e foi muito mal para o hospital. Sobre este assunto comentou: "A chegada da notícia da internação de meu pai deixou toda a família apavorada. Todos meus familiares foram imediatamente para o hospital visitá-lo e eu fiquei para trás e fui só. Durante o percurso do ônibus, da minha casa até o hospital, reavaliei a importância da vida de meu pai. Muitas vezes desejei a sua morte, pois sentia muito ódio por ele. Mas naquele momento, perante a possibilidade real do término de sua existência, percebi que o ódio não tinha sentido nenhum. Então foi aí que eu o perdoei".

2.4 – Resumo de um sonho sobre paradoxo e conflito existencial do paciente portador do vírus da AIDS

O paciente sonhou que, no meio de uma pilha de trapos, estava seu pênis, e ele estava sentado sobre os trapos. Não pensou em reimplantá-lo, porque ele poderia entrar em decomposição. Preocupou-se muito, mas não encontrava meio de resolver o problema. Sentia-se impotente. Apareceu então sua tia que, na realidade, estava com câncer e perguntou-lhe pelo seu pênis. Não respondeu e sentia um misto de vergonha, medo e impotência. Tinha a certeza de que não poderia reimplantá-lo e se perguntava se o reimplante serviria para alguma coisa.

O paciente acordou do sonho e a sua impressão foi tão forte que se examinou para ver se estava tudo normal. Aí ficou descansando, mas a preocupação não passou.

O paciente trouxe, por escrito, este sonho e também sua análise e reflexão sobre ele.

Seu conflito está diante do problema de ter um relacionamento sexual com o perigo de transmitir AIDS a outra pessoa. Realmente, sua situação é trágica e paradoxal. Seu questionamento existencial envolve a responsabilidade consigo e com os outros e como ele mesmo expressa.

Análise e comentário feito exclusivamente pelo paciente

Paciente: Na realidade, eu vivo em um grande paradoxo. Necessito ser mais autônomo e atuante como homem, manifestando a minha potência latente para que ela se explicite. Só que o paradoxo está no fato de que, ao assumir minha potência, ela colocará a vida de outra pessoa em risco. Sinto-me trancado. Nego-me a ir para frente. Não quero ir para trás, pois neste caso quem morrerá sou eu. Como ser potente e celibatário ao mesmo tempo? O celibato oferece o risco de eu me fechar em mim, tornando-me impermeável para os outros. Potente sei que sou. Como resolver o drama desta contradição? Onde está o sentido? Sei que existe, mas hoje eu sinto o paradoxo que sempre deverá ser revisto de ângulos distintos até que um dia eu chegue a uma síntese de mim mesmo. Digo talvez e ao mesmo tempo tenho a certeza (aí está o paradoxo): a dúvida é importante e indispensável. Justamente no intervalo de minhas contradições em que eu posso me definir a ser eu mesmo. Depende de mim. *Só que eu sou responsável pela minha vontade ou não de ser humano.*

3 – O ARTISTA E A REALIZAÇÃO DA CRIATIVIDADE COMO EXPRESSÃO DO INCONSCIENTE ESPIRITUAL

A criatividade tanto quanto a religiosidade são consideradas por Frankl como duas vertentes do inconsciente espiritual. Ele inclui a noção de espiritual na concepção de inconsciente. Assim, o "inconsciente espiritual" é uma espécie de reabilitação do inconsciente. Mas não constitui um fato novo, pois já de há muito, diz o autor, a literatura especializada refere-se às "forças criadoras" do inconsciente e suas tendências "prospectivas." (Frankl, 1992:18)

Boss afirma que "o impulso e o espírito" são "fenômenos incomensuráveis".

Jung também considera esta incomensurabilidade e inclui a arte, afirmando que existe uma estreita relação entre análise e arte. Esta relação baseia-se no fato de a arte, em sua manifestação, ser uma atividade psicológica e, como toda atividade humana, ser oriunda de forças psicológicas, recomendando delimitar a ação da psicologia, quando analisa a arte, no campo científico:

"Apenas aquele aspecto da arte que existe no processo da criação artística pode ser objeto da psicologia, não aquele que constitui o próprio ser da arte. Nesta segunda parte, ou seja, a pergunta sobre o que a arte é em si, não pode ser objeto de considerações psicológicas, mas apenas estético-artísticas." (Jung, 1985:54)

Este mesmo raciocínio Jung aplica à religião, no que respeita aos fenômenos simbólicos e emocionais, sem tocar na essência da religião. Jung aprova a relação entre certas peculiaridades da obra de arte individual e vivências íntimas do artista, reconhecendo nisto o valor de Freud. Discorda, porém, deste por usar critérios específicos da patologia aplicados à obra de arte, como, por exemplo, as considerações do artista como narcisista e da arte ser considerada um subproduto da libido sexual. É de opinião que Freud, com seu dogmatismo rígido, contribuiu para a divulgação destes conceitos pseudocientíficos.

Jung, criticando Freud, acrescenta:

"Uma obra de arte não é apenas um produto derivado, mas uma reorganização criativa, daquelas condições das quais uma psicologia causalista queria derivá-la." (Jung, 1985a:60)

Diz ainda Jung que para se fazer justiça à obra de arte, a psicologia analítica deverá despojar-se totalmente do preconceito médico, pois a obra de arte está longe de ser uma patologia e requer uma apreciação bem diversa da médica.

Frankl lembra que mesmo em caso de neuroses ou psicoses que venham afetar a pessoa humana do artista, não raro o talento artístico poderá ficar imune e assim resguardada a produção artística. Sustenta que o enfoque da análise artística não deve recair sobre a doença, pois esta nunca é produtiva ou criadora e chama a atenção para o espírito que é a fonte da criatividade.

"O que é criador é somente o espírito e não a doença. Mas o espírito humano, em luta com este terrível destino chamado doença mental, poderá também dar de si o último de sua capacidade criadora." (Frankl, 1976 a:219)

Rollo May pensa que a criatividade poderá parecer acidental, mas que, para se dispor a criar é preciso que antes seja receptivo. Para May o artista, quer seja um inventor científico, pintor, poeta, escritor, músico, etc., é aquele que pode ser, com mais freqüência, receptivo para o "acaso" que na realidade não o é. Existe, sim, entre miríades de possibilidades diferentes, algo que nasce espontaneamente, que o artista descobre como algo novo, aflorando em seu íntimo, e que, por sua vez, aflorará de uma maneira inteiramente nova, quer seja sob o fluxo das cores, o cântico das palavras ou os acordes de uma sinfonia. (May, 1987:211)

Para Frankl, este fenômeno incomensurável, antes de se expressar na obra artística ou na emoção estética é um ato de antecipação espiritual, ou seja, de intuição.

Analisando o caso de uma pintora sua paciente, Frankl comenta que, quando perguntou a ela quais os princípios ou o programa de sua atividade, ela lhe respondeu:

> "Não tenho nenhum princípio, a não ser uma extrema necessidade. Pinto porque sinto uma necessidade de pintar." (Frankl, 1976 a: 221)

Sobre esta afirmação, comenta Frankl que a pintora somente sente sede de pintar, não sabendo o porquê nem o para quê. Isto significa que ela sente a atividade do inconsciente, a criação surgindo do inconsciente. Mais adiante, confirma a pintora:

> "Não sei de nada, a não ser trabalhar sem parar, tentar, jogar fora e criar de novo. Não sei, por exemplo, sobre a escolha das cores a não ser que ela não depende da disposição momentânea do pintor. A escolha é feita em forma mais profunda. {...} Quero encontrar o quadro que eu possa aceitar de corpo e alma. Devo evitar qualquer rotina, inclusive copiar a mim mesma sem cessar. Mas devo tornar consciente a minha percepção mais íntima das formas." (Frankl, 1976 a:221-22)

Conclui-se, portanto, que o artista só pode criar o que previamente tem intuído. Toda produção artística é, pois, precedida de vivência artística ou intuição estética. O artista intui pois o valor estético e então se põe a dar-lhe forma. E deste modo a idéia artística toma corpo.

O filósofo neotomista Maritain expressa muito bem esta relação:

> "A emoção criadora não é matéria, mas **forma da obra**; não é emoção-coisa, mas emoção intuitiva e **intencional**, que em si comporta muito mais que a si mesma. O conteúdo desta emoção criadora é o 'eu' do artista enquanto substância secreta e pessoa em ato de comunicação espiritual."

(Maritain, 1947:119)

A criação artística, até então desqualificada pela teoria psicodinâmica como uma sublimação, encontra na Logoterapia o seu reconhecimento e o lugar que lhe compete.

Sem adotar-se a visão de inconsciente coletivo de Jung, é possível, entretanto, considerar que a obra de arte deixa de ser patrimônio individual passando para o patrimônio cultural da humanidade. Também pode-se estabelecer a relação que alguns filósofos fizeram entre as vivências artística e mística, encontrando aí um sentido mais profundo, que entra no terreno do mistério e realiza um sentido transcendente. Sobre esta relação, diz Jung:

"O segredo da criação artística e de sua atuação consiste nesta possibilidade de reimergir na condição originária da **participation mystique**, pois nesse plano não é o indivíduo, mas o povo que vibra com as vivências; não se trata mais aí das alegrias e dores do indivíduo, mas da vida de toda a humanidade. Por isso, a obra-prima é ao mesmo tempo objetiva e impessoal, tocando nosso ser mais profundo."
(Jung, 1985a:93)

Maslow coloca certas vivências estéticas e de criatividade mais intensas, assim como as amorosas e as místicas, entre as experiências culminantes. Considera-as não só como intrinsecamente valiosas, mas como sendo tão valiosas que tornam a vida digna de ser vivida, apenas pela ocorrência destes momentos. Estas experiências têm alguns efeitos terapêuticos, podendo libertar a pessoa para maior criatividade, espontaneidade e expressividade.

"A pessoa nestas experiências culminantes sente-se mais integrada." (Maslow, s.d.:134)

Jung diz ainda que é preciso perguntar pelo sentido da obra de arte. Considera que não é restrito ao autor, à sua biografia, aos seus objetivos nem aos seus critérios pessoais. Afirma que a verdadeira obra de arte tem um sentido especial no fato de poder se libertar das estreitezas e dificuldades insuperáveis de tudo o que seja pessoal, elevando-se para além do efêmero e do meramente pessoal. Porém, entende que devemos deslocar-nos do processo criativo para poder contemplá-lo melhor, permitindo que se torne imagem que exprime sentido. Também a busca do criativo torna-se, para a pessoa do artista, um sentido a realizar.

Na visão de Frankl, a arte está vinculada à classificação dos valores de criação, cujas realizações englobam sentido e também poderão ser uma forma de realização da própria pessoa e do sentido da vida do artista.

Delacroix afirma que o artista também cria a si mesmo:

"Cria-se para completar-se. A obra é uma emanação necessária, co-eterna ao artista. O artista é a obra mesma e a obra é sempre abundância, plenitude, excesso e desdobramento. O artista é o espírito que constrói a obra, construindo-se a si mesmo, realizando sua harmonia e sua unidade." (Delacroix, 1951:389)

Mara W. Faingluz, em seu trabalho *Do Criativo ao Sentido* (1989), traz depoimentos de artistas sobre suas obras e suas realizações; entre outros, destaca o seguinte:

"Muitas vezes me questiono se poderia abandonar todo o meu trabalho, mas só em pensar nisto me fica um vazio tão grande que a vida não teria sentido." (Gleiser, in Faingluz, 1989:120)

Na obra *Psicoterapia – Uma Casuística para Médicos* (1976), Frankl relata o tratamento de uma pintora com problemas emocionais de ordem afetiva, com um bloqueio com relação à arte e à religião. O trabalho terapêutico de Frankl constou de sessões psicoterápicas dialogadas, análises existenciais dos sonhos e sessões de relaxamento sistemáticas, com base no treinamento autógeno de Schultz à luz da Logoterapia.

Após ter conseguido a solução da problemática emocional da paciente e o desbloqueio da criatividade dela, sobre este interessantíssimo trabalho comenta o autor e psicoterapeuta:

"Agora que minha paciente já recuperou sua capacidade de trabalho, surge a segunda problemática dessa existência humana concreta, que até aqui permaneceu latente. Trata-se agora de ampliar o nosso trabalho psicoterapêutico analítico-existencial além do já conseguido, pois, enquanto a psicoterapia do primeiro caso, por assim dizer, serviu como uma "obstetrícia artística", tornou-se ela a partir de então, simplesmente uma "obstetrícia espiritual". Chegou o momento de elucidar a questão da problemática religiosa que surgira espontaneamente, ou de levar a paciente a analisar seus problemas religiosos, por um prisma analítico-existencial." (Frankl, 1976a:225)

Frankl chama a atenção para o conhecido imperativo "Ora et Labora", que buscou realizar nesta psicoterapia.

Antes de trazer alguns dados sobre a evolução deste tratamento, dá-se a atenção para a denominação usada por Frankl sobre o trabalho terapêutico de "obstetrícia artística e espiritual". Esta comparação em termos médicos é o equivalente à denominação da "maiêutica socrática". Ambos os termos significam trazer à luz, fazer nascer, deixar emergir. Oportuno, pois, lembrar que o trabalho psicoterapêutico que respeite a liberdade da pessoa só poderá ser conduzido maieuticamente, fenomenologicamente e não com imposição de métodos, técnicas ou conceitos preestabelecidos.

De forma original, Frankl procura desbloquear os afetos, as emoções artísticas e a religiosidade de sua paciente. Relata ele que a pintora sonhava freqüentemente com trabalhos acabados, mas não conseguia reproduzi-los, quando despertava, e isso a inquietava. Dr. Frankl procura então estabelecer uma ligação com o inconsciente onírico, não só pela análise do sonho, mas usando esta, combinada com o método do relaxamento modificado por ele.

Em vários momentos do processo terapêutico, a pintora de Frankl conseguiu atingir seus objetivos e os fins da psicoterapia.

A paciente relata o que se passou com ela depois de um relaxamento em que sentiu uma clareza de espírito muito nítida, como se um véu lhe fosse retirado dos olhos e aí começou a desenhar. Na noite seguinte, a pintora relata mais sonhos de cores e formas diferentes e tenta apanhar o lápis com a mão, ao mesmo tempo que ouve uma voz que diz no sonho: "tens de desenhar". Na tarde seguinte, obedecendo às ordens pós-hipnóticas do método de Schultz, realiza uma pintura automaticamente. Fala que pinta semiconsciente e mostra que há diferença, em confronto, com a pintura consciente. Consegue agora transplantar para a tela as manchas coloridas que viu no sonho, mas somente depois de ter o quadro pronto emoldurado foi que se sentiu "subitamente livre, leve e clara." (in Frankl, 1976a:223)

Entretanto, nem sempre o processo era ascendente e nem sempre a pintora conseguia esta liberdade. Quando havia retrocessos, voltava a fazer exercícios de relaxamento que oportunizavam novos sonhos. Teve também momentos de crise e de grande inibição com a pintura. Mas, após uma laboriosa série de exercícios, sente algo e descreve em seu diário:

> "Exercício. Finalmente, depois de meia hora, leve transe. Meu propósito é este: nada tem importância, importante é somente a pintura e – Deus. Vou poder rezar – vou poder pintar – estou sozinha com Deus e a pintura." (in Frankl, 1976a:224)

Mais adiante, relata que pintou a tarde toda, conscientemente, com visão de pintora. Em outro dia, diz que as imagens surgem, continuamente, e sente-se muito feliz. Considerou isto uma dádiva de Deus. Passou a trabalhar depois com maior produtividade e melhor qualidade. Seu trabalho foi bem apreciado segundo critérios de arte. Enfim, livre para pintar, concluiu:

> "Conquistei meu trabalho e posso de boa consciência considerar o tratamento como terminado e bem-sucedido. O tratamento me deu o melhor que se pode dar a um ser humano." (in Frankl, 1976a:225)

Na experiência terapêutica da autora deste trabalho, no "Caso Fabiano", tal como aconteceu no "Caso da Pintora" de Frankl, houve a mesma experiência de avançar no processo terapêutico, além de desreprimir a área emocional, tratando de dinamismos impulsivos e, igualmente, com o inconsciente espiritual. À medida que se ia dando a desrepressão da religiosidade, acontecia a desrepressão da criatividade, consideradas por Frankl como as duas vertentes do inconsciente espiritual. No caso da pintora de Frankl, ela mantinha uma repressão das suas condições artísticas já conhecidas e de valores religiosos bloqueados; no Caso Fabiano, havia uma repressão da religiosidade e das potencialidades para a arte, até então desconhecidas pelo paciente.

3.1 – Fabiano – Psicoterapia e Arte: sonhos

Foi por meio de um sonho que Fabiano descobriu sua vocação artística.

À medida que sonhava, criava obras de arte relacionadas a alguns sonhos, as quais não foram incluídas no presente trabalho para não identificar o autor.

O paciente Fabiano encontrou sentido na realização de sua arte e dá graças por este caminho que se abriu em sua vida. Consciente de sua realização, ao terminar o Curso de Artes, agradeceu por "desenhar e criar, sabendo que, como criatura, sou participante dos caminhos do Criador".

Revendo seus sonhos, pode-se ver como se expressou a temática artística.

Num sonho somente é que Fabiano descobre sua potencialidade para a arte. Sua primeira forma sonhada foi a imagem de uma semente. Esta imagem foi reproduzida em desenho e após seguiram-se vários desenhos que lembravam sementes, embriões, fetos, etc., as quais se transformaram em outras formas.

Sonho em que há a descoberta da vocação artística e o sentido da criatividade.

Resumo do sonho

O paciente e seu irmão chegaram a um lugar onde havia uma máquina. Esta máquina tinha um telão no qual apareciam imagens e um botão que, quando tocado, apareciam, no telão, formas que eram representações internas de sua personalidade. O irmão tocou no botão e aí apareceu um cometa. O paciente também apertou o botão e apareceu a imagem de uma semente. Logo em seguida saiu uma cópia tipo xerox em uma folha de papel com a mesma imagem da semente.

Significado do sonho

O paciente, por intermédio deste sonho, descobriu sua criatividade latente e manifestou o desejo de desenhar e criar formas artísticas.

Em outro sonho, Fabiano sonhou que estava no fundo do mar escuro nadando com baleias gigantes (imagem da mãe), em que a luz não entrava. Associou isto à sua ligação com a mãe, com útero materno e feto. Lembrando em retrospecto, considerou que este simbolismo referia-se à sua própria gestação como artista.

Sentindo a necessidade de expressar melhor sua criatividade, Fabiano dirigiu-se a um ateliê e, posteriormente, ingressou no curso superior de Artes. Durante o curso e após sua formatura manteve um ateliê de artes.

Numa ocasião, Fabiano sonhou com belas flores e pássaros. Associa-os à passagem da Bíblia que fala sobre os lírios do campo e os pássaros do céu, em Lucas, capítulo 12, que Fabiano trouxe transcrita:

> "27 Considerai os lírios como crescem; não fiam nem tecem; contudo digo-vos nem Salomão em toda sua glória jamais se vestiu como um deles.
>
> 28 Seu Deus, portanto, veste assim a erva que hoje está no campo e amanhã se lança ao fogo, quanto mais a vós homens de pouca fé.
>
> 24 Considerai os pássaros do céu, eles não semeiam, nem ceifam, nem tem despensa, nem celeiro, entretanto

Deus os sustenta. Quanto mais valeis vós do que eles?"
(Bíblia Sagrada, 1987:1365)

E após estabelecer esta associação, disse que além da arte estava presente sua fé, a qual sentia linda e importante. Sobre as flores do sonho, lembrou que eram bonitas e que as colhia, acrescentando:

"As flores eram bem coloridas e eu as colhia. Também este colher significa a beleza = arte."

Depois continuou:

"É que eu estou desabrochando e quero que seja para sempre. E isto acontecerá estando com Deus."

Vê-se, tanto no caso de Fabiano como da pintora de Frankl, a relação da religiosidade e da criatividade, por serem ambas expressão do inconsciente espiritual.

Numa seleção de alguns sonhos escolheram-se apenas três que se referiam à criatividade de Fabiano. Embora tenha havido mais sonhos com conteúdos referentes à arte, não se julgou necessário incluí-los. Mesmo assim, o menor número de sonhos que expressam a criatividade justifica-se, comparando-se com a temática da sexualidade e da religiosidade, porque a expressão artística para Fabiano tornou-se uma realização permanente. Pareceu, portanto, que estando a criatividade desreprimida e já estando em pleno trabalho artístico não havia necessidade de sonhar com esta dimensão.

Fabiano sentiu, assim como a pintora de Frankl, a criação surgindo do inconsciente e várias de suas concepções surgindo nos sonhos ou se relacionando com eles, para expressar a mesma temática. Muitas vezes, ao chegar ao consultório, encontrava Fabiano desenhando numa das salas do conjunto, em horário anterior à consulta. Com freqüência, também, houve sessões de psicoterapia, para juntos fazer uma análise dos desenhos. Muitos e muitos quadros indicavam um dinamismo vital, como expressão de um noodinamismo palpitante e integrador.

À medida que o processo terapêutico se efetivava, Fabiano produziu novas expressões. Esse processo se desenvolveu na arte, paralelamente aos sonhos apresentados.

Com o decorrer do tempo, mostra o sentimento de que já se transformou em pessoa adulta. Concomitantemente, considera-se um artista criativo. Diz que antes vinha fazendo apenas arteterapia e agora parte para a verdadeira criação artística.

Por um desenho específico expressa a consciência do próprio "eu" inserido na história.

Desta fase em diante, expressa sínteses, por meio de uma figura que denomina de "Meu auto-retrato no tempo". Nesta ocasião já sabia que estava doente e tendo consciência de que poderia morrer queria se situar no tempo. O artista coloca-se no desenho com um perfil que o representa em três tempos distintos: o passado, o presente e o futuro aberto e quebrado por não ter certeza dele. Sobre o presente, diz Fabiano: "É onde eu posso agir". Este ainda não está muito claro. É preciso escolher para dar significado a ele, dependendo da opção de cada momento. Considera este desenho como o mais existencial.

Não se poderia omitir a transcrição do relato de Fabiano quanto à *finitude humana*.

Relato do sonho

Paciente: Eu estava deitado de costas sobre uma viga de concreto, sem ponto de apoio algum, a uma altura considerável. Era extremamente desconfortável. Todas as minhas tintas estavam ali, junto comigo. Então veio um colega de serviço e derrubou um dos estojos. Eu tentei evitar, mas isto só me deixou mais inseguro. Vi também, que as tintas que caíram eram de menos qualidade. As tintas derramadas estavam derretendo, pois estava caindo água sobre elas.

Análise do sonho e comentários feitos pelo paciente

Paciente: Acho que não consegui chegar bem ao ponto-chave, mas creio que se trata de minha vulnerabilidade. Tenho, igualmente, uma característica: a de esperar que as coisas aconteçam. Sei esperar, mas nem sempre é bom esperar. E agora, na situação atual, eu não posso mais esperar. Eu preciso agir. Isto é algo que temos trabalhado desde antes de eu ficar doente – a necessidade de sair muitas vezes da inatividade para a ação. Já tive experiências positivas. Eu tomei consciência de minha doença. Neste momento eu precisei e realmente fiz; precisei buscar segurança e esta busca de segurança foi a ação mais concreta que fiz até hoje. Esta experiência que tive com a doença foi a mais forte que tive até hoje: é a percepção da finitude. Logo que soube de minha doença a reação foi muito forte. Já faz duas semanas e parece que estou numa ressaca. Isto tem uma explicação psicológica, certamente. É uma ressaca, em termos. Eu não estou mais com aquele nível de intensidade de ação que já tive. Expresso uma outra maneira de ver a questão. Ah... [suspira longamente] Agora o sofrimento está mostrando a cara – te lembras?[15]

Paciente: Deu para entender, não é?

Terapeuta: Sim, Fabiano. É que a morte, não só para ti, mas para mim e para todos nós, cada dia se aproxima mais e se deixa ver. Isto é uma condição humana. Mas, no teu caso, há um determinante maior, que é a constatação de tua doença. Tu me perguntaste se eu entendi. Mais do que entender tua situação, eu a vivo contigo. Sou solidária!

Paciente: É, e neste momento eu penso que cheguei ao âmago da questão. É que o meu problema é ter estado sempre exposto. Também agora eu posso perceber, com mais clareza, o que está fora do

---

15. O paciente significa, com isto, o comentário feito na sessão anterior sobre o antigo filme "Orfeu" (filme "Orphée" de Cocteau), no qual todas as noites o personagem era visitado pela morte, sob forma de uma mulher bonita que aparecia com o rosto tapado por um véu, mas que dia a dia deixava cair um pouco o véu e mostrava cada vez mais o rosto.

lugar, ou melhor, as coisas não estão no lugar certo. Estão meio em desequilíbrio. Agora dá para passar para o sonho. Já estava falando nele. No sonho, eu estou numa situação extremamente exposta. Eu não tenho ponto de apoio. A viga de concreto é estreita e meus braços estão fora dela, soltos.

Terapeuta: O que te lembra a viga? Com o que associas?

Paciente: Vi, uma vez, um filme em que uma mulher que era domadora ficava numa viga e os leões passavam por cima.

Terapeuta: E o que simboliza isto?

Paciente: Eu estou buscando sempre o equilíbrio. Como vou buscar equilíbrio se vejo um fator importantíssimo dentro de mim?

Terapeuta: O que pode ser?

Paciente: É uma coisa bem concreta e palpável e que não posso negar – é o vírus (da AIDS). Fiz um exame e ele apareceu. Era algo presente o tempo inteiro, mas aparentemente não parecia. Deitado na viga assim qualquer vento me derruba. Posso cair e me estuporar. Agora, estou me lembrando do meu primeiro sonho que era parecido.

Terapeuta: Sim, lembro-me também do teu primeiro sonho.

Paciente: Aquele da carroça à beira dos barrancos.

Terapeuta: Estavas à beira do barranco, sim. Mas de lá para cá, vê quantas coisas conseguiste!

Paciente: É que há possibilidade de transformação e concretização.

Terapeuta: E o que transformaste?

Paciente: É que agora eu conduzo. Eu estou num equilíbrio estático. Estou parado porque quero e antes era pior, pois quem fazia os movimentos não era eu. Era puramente impulsivo. Naquele sonho eu estava parado na carroça e um louco dirigia. Eu tive uma liberdade incrível e isto deu um campo tão amplo que deu para eu ficar doente.

Terapeuta: Cada vez mais podes dirigir-te e te equilibrar. Usaste tua liberdade abertamente, parece que sem limites, mas depois te equilibraste. Agora sentes um desequilíbrio pela insegurança que a doença te traz. Mas ainda assim dependerá de decidir como vais escolher viver, mesmo sentindo esta vulnerabilidade.

Paciente: A consciência da doença, a minha vulnerabilidade, estão muito presentes.

Terapeuta: A percepção e a consciência de tua finitude poderão oferecer alguma coisa boa e mostrar algum sentido?

Paciente: Sim, em cada momento do meu eu posso me transformar.

Terapeuta: Esta transformação é um processo que poderá durar até o último instante. O que podes concluir daí?

Paciente: Eu devo viver e me transformar sempre.

Terapeuta: E as tintas que caíram?

Paciente: As tintas que caíram eram de menos qualidade.

Terapeuta: O que concluis disto?

Paciente: Com as boas tintas eu fiquei e devo usá-las para realizar algo.

Terapeuta: Tanto concretamente terá sentido usar as tintas boas, como também simbolicamente.

Paciente: As tintas boas deverão servir para pintar lindos quadros.

Terapeuta: Qual o quadro mais importante?

Paciente: A vida! A vida com todas as suas nuanças.

Terapeuta: Vê, Fabiano. Como disseste, a vida com todas as suas nuanças. Importa usar a tua liberdade para criar e transformar a vida. Sabes o que dizia Platão?

Paciente: Não.

Terapeuta: Em seu diálogo, *O Banquete*, ele fala da possibilidade de o homem criar, segundo a carne e segundo o espírito. E diz que desta maneira "o homem atinge a imortalidade". Como podes criar, realizar a vida ultrapassando tua finitude?

Paciente: Através, principalmente, da minha realização da vida.

Terapeuta: Eis a questão. Não é só a morte que te espreita diariamente, mas a vida que te espera em cada momento.

Paciente: É uma coisa paradoxal, mas verdadeira.

Tal como aconteceu a Frankl, a manifestação artística e a questão religiosa não apareceram no início do tratamento destes pacientes, sendo até motivo de surpresa. Sabe-se que, tanto em questões de arte como de religiosidade, cabe à psicoterapia libertá-las para que o paciente alcance maior plenitude, sem entretanto usar qualquer imposição e sem transformar o terapeuta em um crítico de arte ou em um orientador religioso.

Fabiano não só submeteu-se ao tratamento de Logoterapia, como procurou ler algumas obras de Frankl. Neste caso houve – além da libertação de suas potencialidades criativas e a desrepressão de sua religiosidade – uma integração de ambas em sua personalidade.

Na apreciação espontânea de Fabiano sobre seu tratamento, diz:

"Fico maravilhado com Frankl. Como ele pode criar um método terapêutico que pode nos proporcionar encontrarmos belezas que estão na nossa profundidade. Agora quero, como ele, dar algo para a humanidade e por isso vou aproveitar minhas qualidades artísticas para revelar, com minha criatividade, a espiritualidade do homem. Quero servir a Deus através de minha arte."

4 – A religiosidade nos sonhos de Fabiano

Como já foi dito na primeira parte, Frankl refere-se à espiritualidade inconsciente em contraposição ao impulso inconsciente.

"Tal espiritualidade inconsciente existe de fato e não hesitamos em declarar que, assim como uma sexualidade inconsciente, existe também uma religiosidade inconsciente." (Frankl, 1976a:169)

A espiritualidade inconsciente, sob o aspecto religioso, poderá apresentar-se em sonhos, tanto de modo claro e direto como pela problemática religiosa manifesta ou latente. A religiosidade, tal como a sexualidade, poderá também estar reprimida ou se apresentar sob formas sadias e neuróticas. É com esta tão ampla visão do inconsciente espiritual em Frankl que se pode apreciar o inconsciente espiritual de Fabiano pela religiosidade que emergiu nos conteúdos de seus sonhos.

Nos sonhos da pintora analisados por Frankl, relatados anteriormente, foi feita referência à criatividade inconsciente e uma correlação com Fabiano.

Também a vertente religiosa do inconsciente, como Frankl denominou, manifestou-se a Fabiano, tal como à pintora.

A pintora de Frankl, frente ao problema, utilizava exercícios de relaxamento com o propósito de sonhar. Em certa ocasião propôs a si mesma:

"Sonharei esta noite sobre o motivo que me leva a sentir aversão pelo Cristianismo, isto é, sobre aquilo que me intimida e depois disto acordarei para anotar o sonho." (Frankl, 1976a:229)

Ela sonha que procura tomar o trem para Viena onde iria procurar um terapeuta conhecido; perguntando a uma mulher onde morava, esta responde que é ao lado da igreja. Frankl comenta que isto tem um significado, a saber que, de certo modo, a cura psíquica se fará pela religião.

No sonho, a igreja para a paciente não é apenas o prédio da igreja e, sim, a "fé". Ao perguntar "sobre qual o caminho a tomar" no sonho para chegar à igreja, ele dá a interpretação do que a paciente quer saber: "Por que o caminho à igreja significava um retorno à fé". Ela erra este caminho e tem de voltar ao início. Isto significou que ela devia voltar à simplicidade da fé das crianças, como recomenda o Evangelho. A paciente continua a sonhar e se dá conta de que está com sede, no que Frankl reconhece o mesmo sentido da versão de um salmo. "Como a corsa tem sede de água, minha alma tem sede de ti". Depois, a paciente consegue avistar a catedral. É a catedral de Caen, que não pode ver na realidade, porque estava escuro, quando esteve lá, mas que agora vê no sonho, iluminada. Frankl analisa como sendo "Deus absconditus" transformado em "Deus revelatus", experimentado pela paciente no curso do tratamento. (Frankl, 1976a:229-30)

A questão religiosa em Fabiano passou por algumas transformações. Em primeiro lugar, havia uma problemática religiosa conflitiva causada por seu comportamento sexual promíscuo.

No comentário de um sonho, Fabiano afirma que "há uma incompatibilidade entre a realização espiritual e a promiscuidade sexual". Em outro momento, Fabiano sente necessidade de uma transformação pessoal, ao mesmo tempo em que inicia uma busca espiritual.

Num sonho posterior, o paciente também anda por um caminho, no qual existe uma cerca de madeira envelhecida, molhada e sem tratamento. Embora não esteja registrado no diálogo imediato da análise do sonho, foi constatado, mais adiante, que a cerca envelhecida e mofada, com um portão que dava para o caminho da igreja, expressava suas idéias e sentimentos religiosos reprimidos. Sua entrada no caminho foi vagarosa, tal qual seu processo de aproximação da religião. Este caminho era o que o levava à igreja: "No fim do caminho tinha uma igreja com duas torres altas e pontudas com uma cruz em cima". Portanto, uma igreja cristã. "Acho que aí eu entrei mais um pouquinho". Porém, Fabiano, embora se dirija à igreja, não entra nela: "Aí circundei a igreja voando, mas não entrei...".

Reconhece que o espaço em que vivia era pequeno e busca um espaço de outra ordem: "Por isso abri o portão e entrei no pátio da igreja".

Então fala sobre flores, rosas e que uma delas começou a desabrochar em sua mão, com pétalas novas que começaram a desabrochar. Sobre isto Fabiano explica: "Acho que minha vida está desabrochando simplesmente. Não cabe no espaço dela".

Ainda retomando o significado do caminho: "Estou caminhando, é um processo de desenvolvimento". Tal como conclui Frankl, no caso da pintora, a psicoterapia seria uma estruturação da própria vida e a cura psíquica estaria também relacionada com a religião.

Na análise do sonho o paciente confirma: "Eu fiquei no pátio da igreja. Eu não entrei na igreja ainda... não conseguia entrar, embora quisesse".

Perguntado sobre o simbolismo do vôo, lembra um sonho anterior que significava fuga. Estabelece uma associação com a fuga sistemática da igreja no seu passado e diz que, para chegar à igreja, tinha de caminhar.

O símbolo do vôo é analisado por Boss, num sonho de vôo em circunstâncias bem diferentes daquelas do paciente Fabiano, mas que pode ter um denominador comum. Boss comenta que seu paciente, ao sonhar com vôo, experimentou, pela primeira vez na vida, o desejo de superar ativamente o aprisionamento total da gravidade terrestre. No caso citado por Boss, o paciente tinha um corpo pesado e feio e sonhou com um pavão grande com asas, voando. "Porventura desejaria ele, ao invés de ser um mero pavão, voar alto e conseguir alcançar possibilidades imateriais pertencentes a ele próprio?", pergunta este autor. (Boss, 1979:115-16)

A mesma pergunta foi feita em relação aos vôos de Fabiano. Esta resposta é dada por Fabiano, quando diz: "Transformei o vôo num caminho. Vamos para o céu". Mais adiante completa, quando a terapeuta pede uma explicação e lembra que antes voar significava fuga: "Mas agora voar é andar na atmosfera. Subir ao céu, ao encontro de Deus". E perguntado como se fará isto, responde: "Quero ir ao encontro de Deus, mas, para isso, eu preciso sofrer uma transformação". Indagado sobre que caminho seria o do sonho, responde: "Recomeçar o meu relacionamento com Deus. Para entrar na igreja eu terei que ter um relacionamento com Deus".

Num sonho em que se refere aos "lírios do campo" relaciona vôo com espiritualidade. Finalmente aparecem as flores relacionadas não só com a criatividade, mas também com seu progresso pessoal relacionado com Deus: "Eu colhi as flores e as guardei para que elas se conservassem para sempre". Indagado pela terapeuta sobre o significado disto, responde: "É que eu estou desabrochando e quero que seja para sempre. E isto acontecerá estando com Deus".

Todos os sonhos religiosos de Fabiano são significativos e importantes para sua conscientização e desenvolvimento do processo de desrepressão religiosa que se deu livre e espontaneamente. Novamente registrou-se que os sonhos não só anteciparam a problemática e o questionamento religioso do paciente, como também propiciaram a desrepressão religiosa, a solução do conflito de valores e a realização espiritual mais completa, uma vez que a realização intelectual e artística já se faziam presentes. Interessante observar que, num sonho seguinte, Fabiano consegue entrar numa igreja. Na sua análise lembra o paciente o anterior e diz que as colunas são mais fortes que as ripas da cerca, antes no pátio da igreja e agora no átrio. E afirma: "Se eu for mais além, vou a caminho do altar, não fico só a caminho da igreja. Estou dentro. É bem mais íntimo o meu relacionamento com Deus". Para ele, antes a igreja estava fechada e agora estava dentro dela e enxergava o que havia lá. Perguntado sobre o que viu, responde: "Eu vi Deus. À medida que eu caminhava lá na frente, dava para ver o altar, alto e brilhante, com alguns tons de azul-claro intercalados de luzes". Fabiano, entretanto, desviou-se do caminho do altar para ir ao banheiro que ficava à esquerda.

Interessante é que Freud cita Stekel quando interpretava o caminho da direita e da esquerda com um sentido ético. O caminho da direita significaria o caminho do direito e o da esquerda, o do delito. Freud inclui, no caminho da esquerda, o incesto, a perversão, o comércio sexual com a mulher. "Tudo isto considerado do ponto de vista da moral individual do sonhador". (Freud, 1973:563) Frankl acrescenta:

"A Logoterapia dá um passo além de Freud. Não disse Freud que o homem não é somente mais imoral do que crê, senão também mais moral do que imagina ser? E nos atrevemos a acrescentar: às vezes, o homem é também mais religioso do que ele mesmo supõe." (Frankl, 1979a:98-100)

Num sonho, lembrando que havia banheiro ao lado da igreja, Fabiano observa: "Preciso antes me limpar para ver Deus". E lembra o Evangelho com certa dificuldade e repressão: "Bem-aventurados os ..., os puros porque eles verão a Deus." (Bíblia Sagrada, Mateus 5.8, 1987:1288) E conclui, então: "Para ver Deus preciso ser puro".

A questão da simbologia da pureza apareceu num dos sonhos da pintora de Frankl, quando uma mulher lhe diz: "Você está muito suja, o que não é de admirar após uma viagem tão longa...". Mais adiante a pintora decide voltar para sua casa em Zurique a fim de tomar banho. Frankl percebe que a paciente luta pela extrema pureza e ainda, em dúvida, pergunta: "Tenho o direito de ter fé? Pois, não sou absolutamente digna de ter encontrado um sentido. Mas parece que tenho conseguido ficar limpa, isto é, pura", registra em suas anotações:

"O sentido daquele sonho do qual já falei certa vez é experimentado agora por mim intensamente quando acordada. Agora aconteceu... Tranqüilidade em Deus." (Frankl, 1976a:230-31)

Importante ainda é prestar atenção à simbologia da luz e de seu significado.

Num outro sonho a pintora de Frankl refere-se à luz de Deus:

"Meu rosto está voltado para a luz. Atrás de mim há um abismo para a escuridão. Do abismo sobe um ar gelado. Mas não sinto nenhum medo. Pertenço a Deus. Um sentimento de absoluta felicidade, humildade, amor e proteção..." (Frankl, 1976a:230)

A pintora menciona ainda um sonho, após um período de inibição que caracterizava uma crise religiosa:

> "Não sei quando rezei pela última vez no sonho e então vivi (digo propositadamente 'vivi') pela primeira vez "uma representação de Deus: uma luz infinita", inconcebível e não mais humana." (Frankl, 1976a:230)

Em sonho, ao explicar a luz sobre o altar e só sobre o altar, Fabiano responde: "O altar é Deus. Deus é luz e é vida. A primeira coisa que Ele fez foi dizer: "Faça-se a luz". Refere-se também à abóbada celeste. Céu e altar são lugares de Deus. Embora admire o céu, conclui: "Ele é grande e fantástico, mas importa estar unido à luz. Aí o altar fica como Deus. E Deus é glorioso".

Na análise de um sonho que versa sobre "ritmos" significando imposições do grupo, conclui que não mais deve aceitar tais imposições e, sim, seguir seu ritmo próprio. Entre os questionamentos sobre valores e as imposições do grupo estava o questionamento de Deus. Fabiano afirma que calara diante destes questionamentos, mas lembra: "Dentro de mim mesmo, eu sabia que Ele existia. Os dogmas tinham que ser quebrados. Mas a existência de Deus, eu sabia que existia, como no fundo de uma prateleira". Esta afirmação de Fabiano nos remete a Frankl, em seu livro *A Presença Ignorada de Deus* (1992):

> "Esta fé inconsciente do homem, que aqui se nos revela e está englobada e incluída no conceito de seu 'inconsciente transcendente' significaria então que sempre houve em nós uma tendência inconsciente em direção a Deus, que sempre tivemos uma ligação intencional, embora inconsciente, com Deus. E é justamente este Deus que denominamos de Deus inconsciente." (Frankl, 1992:48)

Na temática de outro sonho, o paciente se encontra num cemitério limpando as quinquilharias, em excesso, no seu próprio túmulo. Na análise deste sonho diz que escolhe as coisas que têm valor na vida e também a busca do "outro" (pessoa) numa relação autêntica, caracterizando esta relação não como dual, mas como triangular. "Esta relação me leva a um outro buscar, originado pela relação. Leva a um novo buscar, neste buscar eu encontro Deus. Mas não terminou... Assim seria uma ascensão hierárquica; daí, eu retorno para mim e percebo que Deus estava ali desde o início! Isto é contínuo. Surge de uma relação com três. Só na relação com Deus: **Eu, o Outro e Deus**".

Assim, pode-se constatar esta "relação comunitária com Deus" abrangendo o "outro".

Os sonhos de Fabiano, sua análise e a reflexão sobre eles deixam ver claramente que o desenvolvimento de sua religiosidade passou por um progresso, com fases distintas. Inicialmente existia uma repressão religiosa causada por vários fatores. Em certo momento, apareceu como uma interferência na relação com Deus, e Fabiano só se dá conta disto após seguir os ditames de sua consciência. Mais adiante, o desenvolvimento de sua personalidade e o processo da terapia aparecem relacionados com seu progresso religioso. No início de sua tentativa de estar perto de Deus, relacionada com suas outras tentativas, em sonho, de apenas rodear a igreja, se transformam em uma entrada na igreja e, logo, numa descoberta do altar e de Deus. Com a mudança de atitude, seu relacionamento pessoal com Deus se estabelece de forma mais nítida e culmina com a última concepção de um relacionamento comunitário em que o "outro" – pessoa humana – está incluído. Todos estes sonhos antecederam às tomadas de atitudes mais significativas ou foram paralelos a elas.

Ao concluir o caso da pintora com a qual foi estabelecida uma comparação com Fabiano, Frankl transcreve suas palavras: "Até agora estive surda e cega, mas agora tudo está iluminado por Deus". Observa Frankl que a sua paciente consegue sentir Deus como se adquirisse um novo sentido, além dos cinco para "sentir, ouvir e ver Deus". Falta apenas o nome para Deus e registra as conclusões às quais ela chegou:

"O tratamento me levou a Deus. O abismo deixou de existir, o estar em Deus me sustenta, eu não posso cair. A vida revela ser maravilhosa, rica e cheia de possibilidades. Tudo se torna suportável e cheio de sentido, quando relacionado com Deus." (Frankl, 1976a:232)

Conclui-se que, nos comentários da análise de um sonho, Fabiano confirma que a sua descoberta levou-o a uma opção livre com relação à mudança de atitude e opção livre por Deus: "Principalmente porque ser livre tem valor. Descobri por mim e quero encontrar Deus – é o que mais quero na vida".

Fabiano descobriu Deus como o Sentido Último de sua vida.

4.1 – O SENTIDO DA VIDA E DA MORTE

Resumo do sonho

Paciente: Era um cemitério, uma parede com túmulos. Daí era meu túmulo. Estava ali meu retrato. Eu estava olhando. Daí eu mexi e abri. Dentro estava cheio de cacareco. Estas besteiras que a gente junta, quinquilharias e que de momento podem ser interessantes, mas podem não fazer mais sentido. No caso estavam dentro de uma sepultura. Daí eu fui tirando, fiz uma limpeza, fui tirando fora. Daí ele ficou limpo, não vazio, mas com algumas coisas que eu resolvi deixar sem o excesso.

Análise do sonho

Terapeuta: O que podes me dizer?

Paciente: Basicamente, um questionamento de vida ou morte que está explícito. Pode ter outro significado que eu não vi. O que eu percebo nos dois momentos é que eles dizem a mesma coisa de uma maneira diferenciada. Mas é a mesma coisa. Está claro, pois eu ia limpar as sepulturas, tirar os excessos, escolher coisas me parece muito construtivo. Não é uma relação passiva com a morte. Eu posso escolher o significado da morte. Os sentidos e os significados. Isto é bom. Lembrei-me do filósofo Lévinas, que escreveu *Totalidade e Infinito*, no qual li que "ser livre é ter a consciência de que esta liberdade pode acabar". Isto para mim foi muito importante ter lido. É basicamente isto. Não tenho mais o que falar. Está óbvio. Nunca tinha aparecido tão claro. Realmente, isto agora faz parte do meu viver, entrou na minha rotina. Vai evoluir e fazer parte de mim, já é concretizado, concreto.

Terapeuta: Muito importante. A vida dá sentido à morte e vice-versa, mas, seguindo escolhas, também escolhias quinquilharias, limpavas algo no sonho.

Paciente: Sim, existia um excesso grande e, em excesso, as coisas perdem o valor. Na aglomeração o significado é confuso. Então, no momento que eu pude escolher o que deve ficar ou não deve ficar, estou escolhendo significados reais. É importante, isto fica e isto vai embora.

Terapeuta: Aplicando a tua realidade?

Paciente: É o que estou trabalhando há um ano. Não posso ter peso em excesso e nem de menos.

Terapeuta: Quer dizer que escolhes coisas que têm valor na vida?

Paciente: Sim, e escolho todos os dias. Esse buscar leva ao encontrar, principalmente dentro de mim. Esse encontrar dentro me leva a um novo buscar. Daí o "outro" (pessoa) e estabeleço uma relação. Estava escrevendo sobre isto. Daí, essa relação me leva para um outro buscar, originado pela relação. Leva a um novo buscar, neste buscar eu encontro Deus, mas não terminou... assim seria uma ascensão hierárquica; daí, eu retorno para mim e percebo que Deus já estava ali desde o início! Isto é contínuo. Surge de uma relação com três. Só na relação com Deus: Eu, o Outro e Deus.

Terapeuta: Vejo que estamos comovidos! Sempre ajudei os meus pacientes a encontrarem o sentido e o Sentido Último. Mas hoje, mais do que isto, Fabiano, tu me ensinas, por meio de tua realidade tão explícita, real, sofrida e esperançosa. Sabes, olha aqui... eu já havia começado a escrever um artigo dirigido a ti para que, por teu intermédio, todos os pacientes de AIDS ou terminais aprendessem contigo a grandeza que expressas. Não preciso mais escrever o artigo. O que me dizes hoje tem mais sentido e vida. Poderia não ter nenhuma alegria mais na minha profissão; esta é suficiente. Somos nós dois personagens vivos de uma grande busca do Sentido Último. Como já me disseste uma vez, que eu poderia publicar o teu caso para mostrar aos outros a grandeza da vida e o que descobriste pela Logoterapia, eu o farei. Obrigada, Fabiano.

O paciente abraça a terapeuta e sai comovido, sem falar.

Parte III

5 – Reflexões que orientam, no presente trabalho, a análise dos sonhos em logoterapia

Os psicoterapeutas necessitam ter muito claro que o paciente é um ser-no-mundo e o terapeuta um ser existente e participante deste mundo. Ponderando-se os porquês (genéticos) e os **"comos"** do problema do paciente, sempre se corre o risco de não compreender o mais importante que é a pessoa viva. (May, 1976:28)

Nunca será demais lembrar que Frankl propõe uma psicologia do **"Homo humanus"** e, em conseqüência, uma reumanização da psicoterapia. É por intermédio de um colega psiquiatra que também estivera com ele no campo de concentração que vem uma resposta viva à pergunta: **"Por que julguei a análise existencial tão adequada à época?"** É ele próprio quem responde:

"Fui membro da Resistência e, semanas antes do fim da guerra, a Gestapo conseguiu pôr as mãos em mim. Durante o interrogatório, fui maltratado cruelmente e finalmente internado no campo de concentração de R. junto a I. Tive que assinar minha própria sentença de morte e a execução foi fixada para o dia 3 de maio de 1945. Não me levem a mal por acreditar que fui salvo por um milagre. E, no entanto, as questões que dirigi a mim mesmo foram mais profundas e mais bem fundamentadas do que quaisquer outras que uma análise didática poderia elaborar. [...] Naquela situação era possível perceber o que verdadeiramente importa na psicoterapia. Todos os sistemas ortodoxos fracassaram em comparação com a análise que o próprio indivíduo fazia! Que importância tinha, numa situação daquelas, determinar se o sinal de uma falta de equilíbrio, de um complexo, se originara de um trauma pré-genital, anal-erótico ou mesmo intra-uterino? Que interesse tinha saber se o trauma fora influenciado por uma inferioridade orgânica ou se os arquétipos do inconsciente coletivo desempenharam algum papel? Naquela situação de espera pelo fim, questões deste gênero nem sequer vinham à mente! Os prisioneiros falavam consigo mesmos ou com os outros de coisas de maior peso. E é delas que também se ocupam hoje nossas investigações psicoterapêuticas." (Frankl, 1978:202)

Assim, portanto, todo homem jogado na existência questiona a temporalidade e a finitude da vida, às quais se soma o fator da irreversibilidade em que deve ser conectado o sentido de sua ação com a responsabilidade, pois se vive uma só vez. Há, conseqüentemente, no **"Homo viator"**, uma consciência de sua historicidade e um questionamento sobre o sentido. Como ser aberto à transcendência, o homem pergunta pelo sentido da vida.

Muitas teorias psicológicas esqueceram a pessoa viva e muitos psicoterapeutas, em busca de explicação, não lograram atingir, viver e compartilhar da vida de seus pacientes.

A autora do presente trabalho lembra, com muito respeito e afeto, o dia em que, visitando uma colega enlutada pela morte da filha, ela olhou firme e perguntou: "Por favor, diga-me se na tua psicologia, cujo autor fala em sentido, vida e morte, há alguma coisa para mim? Até agora todo meu edifício de conceitos psicológicos não me ofereceu nada e ruiu como um castelo de cartas diante do que estou vivendo".

Esta resposta reportou a terapeuta a um exemplo paralelo que Frankl cita em seu livro *Sede de Sentido* (1989):

"Tenho na minha frente a carta de um psicólogo em que me descreve como se sentiu quando tentava confortar interiormente a sua mãe, que estava morrendo. A citação é literal: 'Foi para mim uma amarga experiência verificar que nada daquilo que eu aprendera nos sete longos anos de estudo de psicologia podia servir-me para facilitar à minha mãe a aceitação do seu duro e irrevogável destino. Nada, a não ser aquilo que aprendi mais tarde, ao seguir um curso sobre Logoterapia, sobre o sentido do sofrimento e sobre a rica colheita que se encontra segura no passado'." (Frankl, 1989a:40)

Tudo o que se diz ou se faz de mais ou menos sensato ou absurdo depende da solução deste enigma. Sobre isto diz o protagonista do romance brasileiro *Lições de Abismo* (Gustavo Corção, 1951), indagando-se sobre sua própria existência nesta era espacial, sobre a realidade do próprio saber, sobre a importância do sentido último da vida, frente à sua morte iminente:

> "Quem sou eu? Para que a vida tenha sentido e para que a morte mesma tenha alguma decência, eu preciso saber quem sou, por que vivo, por que morro, por que choro. De que me vale aprender o milhar das relações do mundo exterior, se não consigo aprender a substancial realidade que me diz respeito? Que me adianta medir a distância do sol e analisar a configuração do átomo do urânio se desconheço a largura, a altura e a profundidade do meu próprio ser? De que me serve ganhar o universo se ando perdido de minha própria alma?" (Corção, 1951:235-37)

A transitoriedade, portanto, inclui os conceitos de mortalidade e de temporalidade como desafios à atitude de cada um frente à vida e ao sentido de suas próprias vidas. O continuar consciente da mortalidade impede que haja fixação na provisoriedade das coisas e nos fatos da própria vida. A escravidão do cotidiano e o absolutismo das tarefas aparecem como ridículas diante da mortalidade na caducidade da vida. Conforme Boss, a lembrança da possibilidade de existir "tendo-que-morrer" dá a possibilidade de que haja consciência desta mortalidade e de se obter o verdadeiro significado da vida, percebendo cada momento como irrecuperável, pois é somente porque o homem é finito que cada momento conta, consistindo "a liberdade humana basicamente na possibilidade dos homens poderem acatar ou recusar a realização de seu destino". (Boss, *apud* Ruitembeek, 1965:76)

É, pois, a tensão da transitoriedade que faz a pessoa indagar sempre, e sempre caminhar, mantendo uma consciência aguda da condição de itinerantes jogados no mundo, sim, mas como peregrinos do Absoluto. Mas não é apenas numa indagação de ordem filosófica que se poderá permanecer, nem mesmo em sua resposta.

A busca do sentido da vida poderá, na maioria das vezes, causar tensão interior ao invés de equilíbrio interior. Mas, para

Frankl, isto é requisito para a saúde mental. O ser humano não necessita de descargas a qualquer custo, mas, sobretudo, de um desafio de um sentimento em potencial, à espera de seu cumprimento. O ser humano carece não de "homeostase", mas do que Frankl chama de "noodinâmica", isto é, da dinâmica existencial entre dois pólos, em que, de um lado, está a tensão de um sentido a ser realizado e, de outro, uma pessoa para realizá-lo. Assim, muitos pacientes sentem-se imersos num vazio interior, que não é nem mais nem menos do que um "vazio existencial", por ausência de sentido.

Lukas convida a voltar ao cotidiano clínico e às suas exigências. Não se pode somente filosofar com os pacientes, posto que, como profissionais da saúde, deve-se exercer a técnica e a arte de curar. Porém, o terapeuta não deve e não pode se concentrar, unilateralmente, no orgânico e no psíquico, mas também aperceber-se do espiritual do ser humano para fazer frente às necessidades e aflições da vida. Também, chama ela atenção para a pessoa do terapeuta que, além e antes de um profissional bem-formado, é uma pessoa

"capaz de uma afirmação de vida e uma orientação pelo sentido, para que possa irradiar algo disto como 'remédio complementar': uma parcela de sua 'arte de curar', que possa se transformar em 'arte de viver' na pessoa a ser curada." (Lukas, 1990:133)

O terapeuta e o paciente deverão estar afinados, existencialmente, no modo de existir, o que constitui "um estar-juntos" de ambos, num encontro existencial.

Frankl dispõe de uma autoridade humana incomensurável, quando ele mesmo mostra que, pelo seu "experimentum crucis" nos campos de concentração nazistas da Segunda Guerra Mundial, como prisioneiro, indagou sobre o sentido da vida, do sofrimento e da morte e conseguiu sobreviver àquelas condições subumanas dando uma resposta viva com sua atitude – superando tudo aquilo, digna e conscientemente, e não apenas sobrevivendo.

"Quanto a mim, quando fui levado para o campo de concentração em Auschvitz, um manuscrito meu, pronto para publicação, foi confiscado. Não há dúvida de que meu profundo desejo de reescrevê-lo me ajudou a sobreviver aos rigores dos campos de concentração em que estive. Assim, por exemplo, quando fui atacado pela febre do tifo, rabisquei muitos apontamentos em pedacinhos de papel, para depois reescrever o manuscrito, caso vivesse até o dia da libertação. Tenho certeza de que essa reconstrução do meu manuscrito perdido, levada a cabo na penumbra dos barracões de um campo de concentração da Baviera, ajudou-me a superar um perigo de um colapso cardiovascular.

Pode-se ver, assim, que a saúde mental está baseada em um certo grau de tensão, tensão entre aquilo que já se alcançou e aquilo que ainda se deveria alcançar, ou o hiato entre o que é e o que deve vir a ser." (Frankl, 1991:95-96)

O filósofo Hessen relaciona o sentido com valor:

"O sentido da existência humana reside na humanização do homem. Consiste na realização de sua essência, na consumação de sua personalidade. Isto ocorre por meio dos valores. Em conseqüência, dizer que a existência humana tem sentido é sinônimo de dizer que tem valor." (Hessen, 1962:128)

Assim, sempre que se realizam valores, diz Frankl, cumpre-se o sentido da existência, impregnando-a de sentido.

O ser humano, ao largo do caminho do sentido da vida, tem, igualmente, responsabilidade de comprometer-se na tarefa de encarnar os valores de sua situação concreta e histórica, como também tem a liberdade ou não de atualizá-los.

Segundo o autor da Logoterapia, os valores podem ser realizados de três modos. Primeiro, quando não só se é capaz de dar algo ao mundo, mas oferecer algo por meio das criações do seu trabalho, desde as mais altas criações intelectuais, artísticas, técnicas e culturais da humanidade à mais simples realização profissional ou trabalho vivido como um valor de criação pessoal, com um sentido de realização e com um sentido comunitário.

Saint-Exupèry mostra esta riqueza:

"E o simples pastor que vigia suas ovelhas à luz das estrelas, se toma consciência de seu papel, descobre que é mais do que um pastor: é um sentinela. E cada sentinela é responsável por todo o império!"

Continua, falando sob outra forma não menos digna de trabalho:

"Aquele que morre pelo progresso da ciência ou pela cura das doenças, esse sim, está servindo à vida, mesmo quando disso morre." (Saint-Exupèry, 1983:148-49)

Tais são os "valores de criação".

Em contraposição, o ócio e o ativismo, a desvalorização e a desumanização do trabalho, nas mais diversas formas de funcionalização ou alienação; a impossibilidade de realização do trabalho ou a frustração das potencialidades criativas poderão levar o homem à despersonalização, à robotização, a produzir o "taedium vitae" ou a revolta.

A segunda categoria é constituída dos valores de experiências ou vivenciais que se manifestam nos "atos de receber": as riquezas incomensuráveis da natureza que se captam na contemplação, todas as riquezas da cultura – desde as expressões de arte mais primitivas e variadas até aquelas que os artistas eternizaram em cores, formas e sons, da mesma forma que as experiências místicas, vistas como as mais altas do homem, numa perspectiva interpessoal e intrapessoal do amor divino. Finalmente, experiências comunicadas no amor humano, que transcendem o sexual e o erótico rumo a uma comunicação em plenitude. (Xausa, 1986:162)

Esta gratuidade da presença amorosa foi sentida por Frankl, mesmo no campo de concentração, quando sua amada ausente se fazia presente em sua alma:

"Um pensamento petrificou-me: pela primeira vez em minha vida compreendi a quintessência da verdade das canções de tantos poetas e a sabedoria proclamada por tantos pensadores. A verdade que o amor é a meta última a que pode aspirar o homem. Foi então que aprendi o significado do maior dos segredos que a poesia, o pensamento e a fé humanos tentam comunicar: que a salvação do homem está no amor e através do amor." (Frankl, 1982b:45-47)

O psicólogo-prisioneiro sob nº 119.104 também experimenta valores vivenciais; quando alcança a liberdade do campo de concentração expressa sua vivência no primeiro dia desta libertação, com imensa gratuidade:

"Um dia, pouco depois de minha libertação, eu passava pela campina cheia de flores no caminho da aldeia mais próxima. Os pássaros se elevavam até o céu e eu podia ouvir seus gozosos cantos; não havia nada mais que a terra e o céu e o júbilo dos pássaros e a liberdade do espaço. Detive-me, olhei ao redor, depois o céu e, finalmente, caí de joelhos!

Naquele momento eu sabia muito pouco de mim ou do mundo, só tinha na cabeça uma frase, sempre a mesma: Desde a minha estreita prisão chamei ao meu Senhor e Ele me respondeu na liberdade do espaço." (Frankl, 1982b:91)

Os valores de atitude, na classificação do autor da Logoterapia, são aquelas que surgem especialmente quando fatos irreparáveis e irreversíveis acontecem acima da capacidade humana de superá-los. Tais valores se referem à condição humana frente a situações-limite Frankl, usando os termos da antropologia de Jaspers, destaca a realização de valores de atitude diante da tríade trágica da dor, da culpa e da morte. Frankl denomina-os de valores de atitudes porque estão relacionados com a atitude que a pessoa adotou frente a um destino imutável. Elisabeth Lukas, em dissertação apresentada na Universidade de Viena (1971), ampliou o conceito de valores de atitude incluindo também "os valores generalizados de atitudes". Ela chama a atenção também para as atitudes em face não só das condições desfavoráveis, como também das favoráveis da vida. (Lukas, 1989:162)

Mesmo que não possa realizar os outros valores, até o último instante como ser consciente, livre e responsável, a pessoa tem a possibilidade de realizar valores de atitude.

Na realização dos valores criativos, vivenciais ou de atitude a pessoa humana se realiza como "**Homo faber**", "**Homo amans**" e "**Homo patiens**".

A atitude que se toma é sempre ante algo ou alguém. A fim de poder dar-se um sentido ao sofrimento, deve-se sofrer por algo ou por alguém. É um sofrimento significativo e não masoquista. O sofrimento com sentido vai além de si mesmo, referindo-se a algo "pelo qual sofremos". A Logoterapia mostra que é possível "dotar o sofrimento de um sentido." (Frankl, 1978:24)

Em suma, o sofrimento dotado de sentido é simplesmente sacrifício. Frankl, no capítulo "Homo patiens", do livro *Fundamentos antropológicos da Psicoterapia* (1978), apresenta uma autêntica psicologia do sofrimento e afirma que a influência na dotação de sentido pode abarcar toda uma vida. O sacrifício assim entendido será capaz de dar sentido até a morte. É pelos valores de atitude que se tem a oportunidade autêntica e a plena liberdade espiritual interior de tomar uma atitude frente a circunstâncias, mesmo as adversas e ante fatos irreparáveis.

"O sofrimento, qualquer que seja, mas especialmente aquele que se apresenta como irreparável, irreversível, como 'factum', é o campo próprio e específico para realizar ou encarnar os valores de atitude." (Pareja Herrera, 1984b:267)

Assim, durante toda a vida, de maneira unitária, paralela ou independentemente, podem se realizar as três categorias de valores.

O pensamento de Frankl está firmemente ancorado na sua experiência pessoal, como médico – neurologista e psiquiatra – no atendimento de seus pacientes no período pré e pós-guerra e igualmente durante a Segunda Guerra Mundial no seu "Experimentum Crucis" como prisioneiro nos campos de concentração nazista. Também lá, com esta visão, Frankl, contra o conselho de seus amigos, tomou a decisão de prestar serviço, como médico, numa enfermaria, num campo de infecciosos vitimados pela febre tifóide. Sabendo que no grupo de trabalho poderia morrer em pouco tempo, preferiu ajudar os seus camaradas como médico, pois atribuindo algum sentido àquela vida tão limitada quiçá daria um sentido à própria morte: de um lado, vivendo, ajudando e minorando o sofrimento de seus pacientes; de outro, vivendo uma experiência dolorosa como psicólogo-mártir, mas nunca destituída de sentido. Ele relata as palavras que pronunciou para animar seus companheiros de infortúnio em Türkhein:

"Falei aos meus camaradas (que jaziam imóveis, se bem que de vez em quando se ouvia algum suspiro) que a vida humana não cessa de ter sentido sob nenhuma circunstância, e que este infinito significado da vida compreende também o sofrimento e a agonia, as privações e a morte. (...) E, finalmente, lhes falei de nosso sacrifício, que em cada caso tinha um significado. Na natureza deste sacrifício estava o que parecia insensato para a vida normal, para o mundo onde imperava o êxito material. Porém, o nosso sacrifício tinha um sentido. Os que professavam uma fé religiosa, disse com franqueza, não teriam dificuldades para entendê-los. Falei-lhes de um camarada que, ao chegar ao campo, havia querido fazer um pacto com o céu para que seu sacrifício e sua morte libertassem o ser que amava de uma dor final. Para ele, tanto o sofrimento como a morte e, especialmente aquele sacrifício, eram significativos." (Frankl, 1982b:83084)

Impõe-se distinguir, porém, entre o sofrimento significativo e o que carece de sentido, entre o sofrimento necessário e o desnecessário; entre aquele sofrimento que possibilita a realização de valores atitudinais consistentes na consumação do sentido possível de um sofrimento necessário. A pessoa que assim age é o contrário do masoquista, é aquela que transmuta sofrimento em desempenho, transcendendo-o por amor e transformando-o em sacrifício.

Frankl, ao definir a "dimensão do Homo patiens", sustenta que não mais o sucesso ou fracasso são seus pólos norteadores, mas a realização ou o desespero. Em seu livro *Sede de Sentido* (1989) faz considerações sobre o caso de um prisioneiro de Baltimore sob nº 020.640 que tendo lido seu livro *Em Busca de Sentido*, na versão inglesa, sofreu uma grande mudança e lhe escreveu: tinha 54 anos e sentia-se totalmente arruinado cumprindo pena de prisão. Relata que, numa determinada noite, fez as pazes com o mundo e consigo mesmo. Expressa-se afirmando que "encontrou o verdadeiro sentido da sua vida; o tempo somente poderia adiar a sua plena realização, mas não impediria de alcançá-la", exclama com alegria, abençoando a vida e achando-a maravilhosa.

Frankl comenta que quem escreveu isto sentia-se numa situação absolutamente desesperançada, na solidão de sua cela de presidiário, tendo descoberto sua realização em meio à ruína. Às indagações sobre esta mudança de atitude, Frankl responde que o **Homo patiens** move-se em dimensões diferentes do **Homo sapiens.**

Também para confirmar a afirmação, uma pesquisa de Von Eckartsberg, um teuto-americano, que analisou a situação de vinte profissionais graduados pela Universidade de Harvard, vinte anos depois; contaram-se entre eles advogados, juízes, industriais, médicos, cirurgiões, psicanalistas, engenheiros, com carreiras brilhantes; portanto, com alto grau de sucesso profissional. Porém, um grande percentual destes homens, vinte anos depois, afirmavam não saber para que servira todo o seu sucesso. Alguns diziam estar desesperados, vivendo uma crise de sentido. Põe-se, desta maneira, a questão paradoxal, em que "o sucesso pode fazer-se acompanhar de desespero e a realização profissional andar de mãos dadas com o fracasso." (Frankl, 1989a:35-36)

Elisabeth Lukas comprovou isso por meio de pesquisas com dados estatísticos significativos.

Assim, com sua psicologia do sofrimento, Frankl cada vez mais se afasta do princípio do prazer preconizado por Freud e seus discípulos.

Paul Tillich escreveu sobre a coragem de ser e pode-se afirmar que Frankl não só escreveu, mas teve a coragem de sofrer. No sofrimento, o **Homo patiens** é interrogado e terá de responder, realizar o sofrimento com sentido e sair vitorioso da prova.

À imagem meramente biológica do homem ou simplesmente psicológica, Frankl contrapõe o caráter noológico:

> "Ao **Homo sapiens** contrapomos o **Homo patiens;** pretendemos substituir o imperativo '**sapere aude**' por '**patis aude**' – 'atreve-te a sofrer'." (Frankl, 1978;243)

5.1 – A REDENÇÃO PELA ESPERANÇA

Diante do inevitável, a pessoa humana vê-se numa situação existencial singular, entre a capitulação e a resistência, entre a derrota e a vitória, entre a fascinação da destruição e a convocação de todas as forças pessoais no "poder de resistência do espírito", entre o naufrágio da realidade imutável e a transcendência ao "factum" que a aprisiona. Esta resistência constitui um meio de consolidação interior e a gestação da esperança.

> "É manifesto que há algo na esperança que sobrepassa, infinitamente, a aceitação ou, com maior precisão, poderia dizer-se que ela é uma não-aceitação positiva e isso distingue-se da rebelião." (Marcel, 1955:42)

Marcel considera que a incapacidade para a esperança é cada vez mais completa, à medida que o homem está cativo de sua experiência e da prisão de categorias com a qual esta experiência o cerca; à medida que se entrega mais integralmente, mais desesperadamente ao mundo problemático e se afasta do mistério.

A Logoterapia, como análise existencial, não só indaga, mas leva em conta a transitoriedade essencial da existência humana frente à vida temporal e à morte, sua angústia existencial, sua inquietação ou nostalgia de infinito, na busca de um Sentido Último da existência. Considera a tensão do paradoxo entre o conformismo e a fuga, o desespero e a esperança como temas vitais de sua própria psicoterapia. Não raro, depara-se com a questão do desespero, mas afirma a esperança com base no poder de resistência do espírito humano e aponta para o Sentido Último. (Xausa, 1986:208)

Frankl também, em meio ao sofrimento, soube buscar a esperança. Nos relatos de seu livro sobre a prisão, lembra que no campo de concentração, apesar do sofrimento, alguns tinham esperança. A um, esperava uma obra inconclusa; a outro, um ser humano. A esperança estava vinculada a um sentido que ultrapassava a prisão, não só à obra e ao ser amado, como também à solução da guerra e ao encontro com Deus. Entretanto, observava que:

"O prisioneiro que perdia a fé no futuro – em seu futuro – estava condenado. Com a perda da fé no futuro, perdia também seu sustento espiritual; abandonava-se e decaía e se convertia no sujeito do aniquilamento físico e mental." (Frankl, 1982b:76)

Frankl relaciona a esperança com o ânimo da pessoa, comentando:

"Os que conhecem a estreita relação que existe entre o estado de ânimo de uma pessoa – seu valor e suas esperanças, ou a falta de ambos e a capacidade de seu corpo, para conservar-se imune, sabem também que se repentinamente perdem a esperança e o valor, isto pode ocasionar a morte." (Frankl, 1982b:77)

Acevedo, médico argentino que trabalha com pacientes terminais, lembra que o paciente busca a esperança e ambos, terapeuta e paciente, devem compartilhá-la dentro da situação existencial que comporta uma realidade peculiar em cada caso específico, por meio de uma presença participante, com sua atitude de **"Homo adjuvans"** (Acevedo, 1987:58).

Reafirmando seu crédito terapêutico baseado nas palavras de Frankl, Bessa questiona:

"Se a pessoa espiritual não for poupada de todo o mal e de toda a decadência do psicofísico, se ela, pelo contrário, for afetada e afligida, em nome de quem deveríamos nós então ser psicoterapeutas?"

Continua com o pensamento de Frankl:

"A pessoa espiritual situa-se, essencialmente, além da morbidez e mortalidade psicofísicas; se assim não fosse, eu não desejaria ser psicoterapeuta: não teria sentido. E a pessoa espiritual é, essencialmente, aquela que pode opor-se a toda morbidez psicofísica, e se assim não fosse eu não poderia ser psicoterapeuta; por conseguinte, não teria utilidade." (Frankl, *apud* Bessa, 1987:31-32)

Lerner, ao lembrar o conteúdo da esperança que há na Logoterapia, também chama a atenção para o fato de que todo o logoterapeuta deve levar o paciente a desenvolver a esperança, ao descobrir um "para quê", um sentido. À pergunta sobre por que a esperança, a prospecção humana para a realidade temporal, parcial ou total se constituiria no sentido supremo, Lerner responde:

"Por uma simples razão: porque se assim não fosse nada levaria a nada e toda a Logoterapia seria a mais ruinosa forma de masoquismo concebível – masoquismo transcendental, que supera as reduções do complexo edípico, masoquismo sempre próximo à tarefa do psicólogo ou do terapeuta, na medida em que ele abandona essa única fonte de inspiração e tarefa em contato com a própria esperança. Toda a tarefa de esperança, se não for bem manejada, o quanto se pode perder? Pode-se torná-la uma tarefa em que se é agredido e se agride os outros." (Lerner, 1983:4)

A esperança pode ser vista, não só como uma solução para uma problemática psicológica ou espiritual, mas envolve também a idéia de salvação. Frankl, "o psicólogo da esperança", coincide com Marcel, "o filósofo da esperança", quando afirma: "O 'eu espero' tomado em toda sua força se orienta para a salvação." (Marcel, 1954:34)

É por isso que a paciente Margarida – uma escultora jovem, acometida tragicamente de esquizofrenia – modelava pombas como que querendo ultrapassar a transitoriedade e voar com elas para o infinito, diz num lampejo de revelação do espírito: "O mistério da saúde é incomensurável... A esperança não tem fim!".

BIBLIOGRAFIA

BAZZI, Tullio e FIZZOTI, Eugenio. *Guia de la Logoterapia: humanización de la psicoterapia*. Tradução de Montserrat Kirchner. Barcelona: Herder, 1989.

BENKÖ, Antal. *Psicologia da religião*. São Paulo: Loyola, 1981.

BESSA, Halley Alves. *A morte e o morrer*. In: D'ASSUMPÇÃO, Evaldo, D'ASSUMPÇÃO, Gislaine Maria, BESSA, Halley Alves, coord. *Morte e suicídio: uma abordagem multidisciplinar*. Petrópolis: Vozes, 1984 a.

BÍBLIA SAGRADA. Tradução dos Monges Marednous. 55ª ed. São Paulo: Ave Maria, 1987.

BINSWANGER, Ludwig. *Analisis existencial y psicoterapia*. In: RUITEMBEECK, H. M. et al. *Psicoanalisis y filosofia existencial*. Trad. de Noemi Rosemblatt. Buenos Aires: Paidós, 1965, p. 37-42.

BOFF, Leonardo. *Vida para além da morte*. 8ª ed. Petrópolis: Vozes, 1984.

BOSS, Medard. *Analisis del "dasein" y psicoterapia*. In: RUITEMBEEK, H. M. et al. *Psicoanalisis y filosofia existencial*. Trad. de Noemi Rosemblatt. Buenos Aires: Paidós, 1965, p. 93-100.

____ *Na noite passada eu sonhei*. Trad. de George Schlesinger. São Paulo: Summus, 1979.

BRAÜTIGAM, Walter. *La psicoterapia en su aspecto antropologico*. Trad. De Pedro Gómez Bosque. Madrid: Gredos, 1964.

____ Los sueños y la conversación en la psicoterapia. In:___ *La psicoterapia en su aspecto antropologico*. Trad. de Pedro Gómez Bosque. Madrid: Gredos, 1964. p. 112-115.

BUBER, Martin. *Eu e tu*. Trad. de Newton Von Zuben. 2ª ed. São Paulo: Cortez e Moraes, 1979.

CHEVALIER, Jean e GHEERBRANT, Alain. *Dicionário de símbolos*. Trad. de Vera da Costa e Silva et al. Rio de Janeiro: José Olympio, 1982.

CHIRINOS, Raul. *La trascendencia del amor: la familia terapeutica*. Buenos Aires, Vincigurra, 1987.

CORÇÃO, Gustavo. *Lições de abismo*. 2ª ed. Rio de Janeiro: Agir, 1951.

CYTRYNOWICZ, David. Abordagem fenomenológica-existencial dos sonhos II. *Boletim de Psiquiatria*, São Paulo, nº 2, p. 57-65, junho 1981.

____ Apresentação da Edição Brasileira. In: BOSS, Medard. *Na noite passada eu sonhei*. Trad. de George Schlesinger. São Paulo. Summus, 1979.

D'ASSUMPÇÃO, Evaldo Alves, D'ASSUMPÇÃO, Gislaine Maria, BESSA, Helley Alves, coord. *Morte e suicídio: uma abordagem multidisciplinar.* Petrópolis: Vozes, 1984.

DELACROIX, H. *Psicología del arte.* Trad. de Leonardo Estarico. Buenos Aires: El Ateneo, 1951.

ETCHEVÉRRY, Juan Alberto. *Psiquiatria y religión.* In: LOGO – Teoria, terapia, actitud. Buenos Aires: Fundación de Estudios Franklianos y de la Sociedad Argentina de Logoterapia, 1986.

FABRY, Josef. A interpretação logoterapêutica dos sonhos. In: ____*A busca do significado:* Viktor Frankl, Logoterapia e vida. Trad. de ECE. São Paulo: ECE, 1984d. p. 101-103.

____ Logotherapeutic dream analysis: the royal road to the spiritual inconscious. In: WORLD CONGRESS OF LOGOTHERAPY, 7. Proceedings. Berkeley: Institute of Logotherapy Press, 1989.

FAINGLUS, Mara E. W. *Do criativo ao sentido.* Monografia (Especialização em Psicoterapias Humanístico-existenciais: Logoterapia). Porto Alegre: Pontifícia Universidade Católica do Rio Grande do Sul, 1988.

FARIA, Almir L. de. A sexualidade na família. *Boletim de Psicoteologia*, São Paulo: Corpo de Psicólogos e Psiquiatras Cristãos, n° 8, p. 3-5, jul/set. 1990.

FIZZOTI, Eugênio. *De Freud a Frankl: Interrogantes sobre el vacio existencial.* Trad. de Juan A. Chozzo. Pamplona: Univ. Navarra, 1977.

FRANKL, Viktor E. *Ante el vacio existencial: hacia una humanización de la psicoterapia.* Trad. de Marciano Villanueva. Barcelona: Herder, 1982a.

____ *Em busca de sentido: um psicólogo no campo de concentração.* 2ª ed. Petrópolis: Vozes, São Leopoldo: Sinodal, 1991.

____ *Dar sentido à vida: a Logoterapia de Viktor Frankl.* Trad. de Antonio E. Allgayer. Petrópolis: Vozes; São Leopoldo: Sinodal, 1990a.

____ *A despersonalização do sexo.* Trad. de Ananir P. de Fajardo. Porto Alegre: Centro "Viktor Frankl" de Logoterapia, 1984a.

____ *Fundamentos antropológicos da psicoterapia.* Trad. de Renato Bittencourt. Rio de Janeiro: Zahar, 1978.

____ *El hombre en busca de sentido.* Trad. de Diorki. 3ª ed. Barcelona: Herder, 1982b.

____ *O homem incondicionado.* Lisboa: Armênio Amado, 1968b.

____ O homem à procura do significado último. In: NEEDLEMAN, Jacob e LEWIS, Denis. *No caminho do autoconhecimento*: as antigas tradições religiosas do Oriente e os objetivos e métodos da psicoterapia. São Paulo: Pioneira,1982c. p. 148-63.

____ A interpretação analítico-existencial dos sonhos. In: ___A presença ignorada de Deus. Trad. de Walter Schlupp e Helga Reinhold. São Leopoldo: Sinodal, Petrópolis: Vozes, 1992. p. 32-39

____ Logoterapia y religion. In: ___ Psicoterapia e experiência religiosa. Salamanca: Siqueme, 1967.

____ A presença ignorada de Deus. Trad. de Walter Schlupp e Helga Reinhold. São Leopoldo: Sinodal, Petrópolis: Vozes, 1992.

____ Psicoterapia: uma casuística para médicos. Trad. de Humberto Schoenfeld e Konrad Körner. São Paulo: E.P.U., 1976a.

____ Psicoterapia e sentido de vida: fundamentos da Logoterapia e análise existencial. Trad. de Alípio Maia de Castro. São Paulo: Quadrante, 1973 a.

____ Psicoterapia y humanismo: tiene un sentido la vida? Trad. de Alfredo G. Miralles. Madrid: Fondo de Cultura Económica, 1984c.

____ A questão do sentido em psicoterapia. Trad. de Jorge Mitre. Campinas: Papirus, 1990c.

____ Sede de sentido. Trad. de Henrique Elfes. São Paulo: Quadrante, 1989a

____ Um sentido para a vida: psicoterapia e humanismo. Trad. de Victor Hugo S. Lapenta. São Paulo: Santuário, 1989b.

____ Sonhos e interpretação do sonho. In: ___ Psicoterapia: uma casuística para médicos. Trad. de Humberto Schoenfeldt e Konrad Körner. São Paulo: E.P.U., 1976a p. 165-170.

____ Viktor Frankl explica o que Freud não explicou. Revista Manchete, Rio de Janeiro, p. 24-26, maio 1984e.

FREUD, Sigmund. Obras completas. Trad. de Luiz L. Ballesteros y de Torres. 3ª ed. Madrid: Bib. Nueva, 1973.

FROMM, Erich. A linguagem esquecida: uma introdução ao entendimento dos sonhos, contos de fadas e mitos. Trad. de Octávio A. Velho. 8ª ed. Rio de Janeiro: Zahar, 1983.

____ Psicanálise e religião. Trad. de Iracy Doyle. Rio de Janeiro: Civilização Brasileira, 1957.

GORMAN, Christine. Are some people immune to AIDS? Time, New York, 22 mar. 1993. P. 39-41.

HERNÁNDEZ, Carlos. A imagem do sagrado. Porto Alegre: SICA, 1990 a Gravação em fita cassete.

____ O lugar do sagrado na terapia. Trad. de Therezinha F. Privatti. São Paulo: Nascente, 1986b.

____ Psicodinâmica e sacrodinâmica. Boletim de Psicoteologia, São Paulo: Corpo de Psicólogos e Psiquiatras Cristãos, vol. 3, nº 10, p. 1-5, jan/mar. 1990c.

JUNG, Carl G. *Ab-reação, análise dos sonhos, transferência*. Trad. de Maria Luiza Appy. Petrópolis: Vozes, 1987.
____ *O espírito na arte e na ciência*. Trad. de Maria de M. Barros. Petrópolis: Vozes, 1985 a
____ *O eu e o inconsciente*. Trad. de Dora Ferreira da Silva. Petrópolis: Vozes, 1978 a
____ *O homem e seus símbolos*. Trad. de Maria Lúcia Pinto. 10ª ed. Rio de Janeiro: Nova Fronteira, 1964.
____ *Psicologia e religião*. Trad. de Pe.Dom Mateus R. Rocha. Petrópolis: Vozes, 1978c.
KLÜBLER-ROSS, Elisabeth. *Sobre a morte e o morrer*. Trad. de Paulo Menezes. São Paulo: Martins Fontes, 1987.
LAPIERRE, Dominique. *Muito além do amor*. Trad. de Ana Maria Sanda e Fritz Utezri. Rio de Janeiro: Salamandra, 1991.
LAZARTE, Omar e PÉREZ UDERZO, Lola G. *Siempre puedes elegir: Logoterapia y sesiones clínicos de la Logoterapia*. San Luis: Univ. San Luis, 1991.
LERNER, Jorge. Logoterapia e esperança. In: CURSO DE LOGOTERAPIA COMO SOLUCIÓN DEL PROBLEMA DEL MUNDO ACTUAL. Buenos Aires: Univ. Católica Argentina, 1983.
LUKAS, Elisabeth. *Gesinnung Und Gesundheit*. Freiburg: Herder, 1987.
____ *Logoterapia: a força desafiadora do espírito*. Trad. de José Sá Porto. São Paulo: Loyola, 1989.
____ *Prevenção psicológica*. Trad. de Helga H. Reinhold. Petrópolis: Vozes, São Leopoldo: Sinodal, 1992b
MARCEL, Gabriel. *Prolegomenos para una metafísica de la esperanza*. Trad. de Ely Janette e Vicente Orientero. Buenos Aires: Nova, 1954.
MARITAIN, Jacques. *Arte e poesia*. Trad. de Edgar G. Mata-Machado. Rio de Janeiro: Agir, 1947.
MASLOW, Abraham. *Introdução à psicologia do ser*. Trad. de Álvaro Cabral. 2ª ed. Rio de Janeiro; Eldorado, (s/d.)
MAY, Rollo.*Liberdade e destino*. Trad. de Alfredo Barcellos. Rio de Janeiro: Rocco, 1987.
MENEZES, F. L. Sonho: uma abordagem junguiana. *Boletim de Psiquiatria*. São Paulo, v. 14, nº 1. p. 38-43, 1981.
NEEDLEMAN, Jacob et al. *No caminho do autoconhecimento: as antigas tradições religiosas do Oriente e os objetivos e métodos de psicoterapia*. Trad. de Adelaide P. Lessa. São Paulo: Pioneira, 1982.
PAREJA HERRERA, Guillermo. *V. E. Frankl*. Tese (doutorado em Psicologia). México: Universidade Ibero-americana, 1984b.

PEDRINI, Alírio José Pe. *A cura psíquica na formação inicial e permanente.* São Paulo: Loyola, 1988.

PÉREZ UDERZO, Lola G. *Sonho que revela a autotranscendência.* Mendoza, 1992. P. 1-3. Não publicado.

SAINT-EXUPÈRY, Antoine de. *Um sentido para a vida.* Trad. de Maria Helena Trigueiros. Rio de Janeiro: Nova Fronteira, 1983.

SANTO AGOSTINHO. *De Magistro.* Trad. de Ângelo Rici. 4ª ed. São Paulo: Nova Cultural, 1987. (Os Pensadores).

SARDI, Ricardo. O inconsciente espiritual em Frankl. In: JORNADA SUL-RIOGRANDENSE DE LOGOTERAPIA. Porto Alegre: Centro "Viktor Frankl" de Logoterapia, 1986. Gravação em fita cassete transcrita.

SHISLER, Edith Long. *A morte e os familiares.* Porto Alegre: Centro "Viktor Frankl" de Logoterapia, 1988. Gravação em fita cassete transcrita.

SPANOUDIS, Solon. Abordagem fenomenológica-existencial dos sonhos II. *Boletim de Psiquiatria,* São Paulo, v. 14, nº 2, p. 51-56, jun. 1981.

TILLICH, Paul. *A coragem de ser:* baseado nas conferências Terry, pronunciadas na Yale University. Trad. de Eglê Malheiros. 3ª ed. Rio de Janeiro: Paz e Terra, 1976.

XAUSA, Izar Aparecida de Moraes. *A psicologia do sentido da vida.* Petrópolis: Vozes, 1986e.

YODER, James D. Consciência no aconselhamento logoterapêutico. Trad. de Ananir Porto Fajardo. *Int. Forum for Logotherapy.* Berkeley, v. 8, nº 2, p. 101-108, 1985.

ZILBORG, Gregory. *Psicanálise e religião.* Rio de Janeiro: Vozes, 1969.

ZILLES, Urbano. *Gabriel Marcel e o existencialismo.* Porto Alegre: Acadêmica, 1988.

Centro "VIKTOR FRANKL" de Logoterapia.
Rua 24 de Outubro, 1085 aptº 1003.
Bairro Moinhos de Vento
90510-003 – Porto Alegre-RS
Fone: 0XX (51) 3331-3328.